1 JOUR
1 SUCCÈS

YOURI VLADISLAV

E N T R E P R E N E U R

1° ÉDITION : NOVEMBRE 2019 - ISBN : 9781705495964

1 JOUR 1 SUCCÈS

SOMMAIRE

INTRODUCTION

Nous avons tous des rêves, c'est la raison pour laquelle nous nous réveillons chaque jour en espérant qu'un beau matin ces rêves deviennent réalité, il existe deux catégories de personnes, ceux qui se lèvent chaque matin pour aller travailler et participer à la réalisation des rêves de quelqu'un d'autre et ceux qui se lèvent chaque matin avec une détermination hors normes pour faire en sorte que ses rêves deviennent réalité.

Si vous tenez ce livre entre les mains ce n'est pas par hasard, soit vous êtes déjà à la poursuite de vos rêves, soit vous voulez enfin arrêter d'enrichir votre patron et **ENFIN libérer le lion qui sommeille en vous.**

Croyez-moi ce livre va vous permettre d'exploser toutes vos pensées limitantes pour ensuite créer une vie sur mesure qui vous ressemble. Dans ce livre vous trouverez les histoires les plus inspirantes au monde, les hommes et femmes qui ont tout fait pour que leurs rêves deviennent réalité et en lisant leurs histoires, vous vous imprégnerez de leur détermination et leur motivation, plus personne ne pourra vous arrêter !

MINDSET

Q uel est le bon mindset d'un entrepreneur qui réussit ? On ne naît pas
entrepreneur, mais on le devient. Un entrepreneur qui réussit est
une simple personne lambda comme vous et moi, mais à quelques détails près.
C'est une personne dotée d'une vision, parfois même une immense vison tel que
Steve Jobs qui a fondé la marque de la pomme croquée, mais qui, contrairement à
plus de 95% des autres, met tout en œuvre pour MATÉRIALISER cette vision...
Un entrepreneur est celui qui est prêt à attendre deux, trois ans sans aucun
résultat. Une personne dotée d'une grande persévérance et patience, puis qui à la
dix-mille unième fois, explose littéralement ses résultats.

**« Je n'ai pas échoué. J'ai juste trouvé 10 000 moyens qui ne
fonctionnent pas »** - *Thomas Edison* -

Un entrepreneur qui réussit est celui qui regorge d'une inépuisable motivation et
qui a la rage de réussir et d'accomplir une bonne fois pour toute ses
objectifs, une détermination Insolente ! Un entrepreneur a une ambition
audacieuse, car lui, il prend le chemin que personne ne prend, celui qui est moins
sûr comme le disent les autres. Il prend des risques....
Plus vous prenez de risques et plus vous risquez de perdre gros, mais plus vous
avez de chance de gagner le gros lot !
Ce livre s'adresse aux personnes qui sont intéressées par le monde de
l'entrepreneuriat, mais aussi aux entrepreneurs eux-mêmes, qu'ils aient leur
domaine d'activité sur le web ou pas. Alors, restez motivé à ce qui va suivre, car
cela va être **EXPLOSIF pour VOTRE MINDSET !**

SEAN STEPHENSON

Sean est né en 1979 avec ce qu'on appelle une ostéogenèse imparfaite ou encore la maladie des os de verre c'est-à-dire que Sean possède une fragilité osseuse accrue.

Quand il est né, presque tous ses os ont été détruits. Les docteurs ont prévenu ses parents qu'il risquait de mourir très bientôt. Il a finalement survécu, mais il lui resta de grosses séquelles qui pourraient l'empêcher de vivre une vie comme une personne normale.

Il est tout le temps en fauteuil roulant, mais aussi très petit. Je dis le mot "pourraient" parce qu'il se considère comme une personne normale et qu'il en a même surpassé quelques-uns.

Pourquoi ? Devinez.

Sean est aujourd'hui un **thérapeute, un auteur à succès et un "speaker" très connu** aux États-Unis. Il coach énormément de personnes et donne des conférences pour motiver les gens. Malgré sa maladie, Sean est devenu un grand exemple.

« Un sourire coûte moins cher que l'électricité, mais donne autant de lumière. » - *Abbé Pierre* -

« On ne peut pas rattraper le temps perdu, mais on peut arrêter de perdre son temps.» - *Jennifer Lawrence* -

« Les espèces qui survivent ne sont pas les espèces les plus fortes, ni les plus intelligentes, mais celles qui s'adaptent le mieux aux changements. » - *Charles Darwin* -

« Si l'amour est un crime, tu es ma source de motivation pour un criminel passionnel. » - *Lionel Fardini* -

« Il n'y a qu'une façon d'échouer, c'est d'abandonner avant d'avoir réussi. » - *Georges Clemenceau* -

« Si vous désirez vraiment faire quelque chose, vous trouverez un moyen. Sinon, vous trouverez une excuse » - *Jim Rohn* -

QUI VEUT 20 EUROS ?

Un conférencier célèbre commença son séminaire avec un billet de 20 dollars à la main. Il demanda à son auditoire :
« Qui, dans cette salle, désire avoir ce billet de 20 euros ? ». De nombreux membres du public levèrent la main. « Très bien ! Je vais donc donner ce billet de 20 euros à l'un d'entre vous, mais tout d'abord, je vais faire ça !. » L'orateur chiffonna brusquement le billet de 20 euros.

Il demanda alors : « Vous le voulez toujours ce billet ? »
Nombreuses étaient les mains qui se levèrent de nouveau.
« Je vois », dit-il. « Je vais essayer autre chose. » Il jeta alors le billet par terre et se mit à l'écraser avec force.
Il ramassa alors le billet en piteux état et demanda une nouvelle fois :
« alors, vous le voulez toujours ?. »
Les mains levées étaient toujours aussi nombreuses.

« Vous voyez mes amis, vous désirez toujours avoir ce billet car sa valeur n'a pas diminué. Ce billet vaut 20 euros. S'il vous arrive dans la vie d'être blessé et déçu par les décisions que vous avez prises et le chemin que vous avez emprunté, s'il vous arrive de penser que vous ne valez rien, que vous êtes inutiles, eh bien souvenez-vous de ceci : peu importe ce qu'il vous est arrivé ou ce qui arrivera, votre valeur en reste inchangée. Vous restez toujours précieux aux yeux de ceux qui vous aiment et dépendent de vous. Notre valeur ne dépend pas de ce que nous faisons mais de qui nous sommes.»

« La frustration d'hier doit déjà être la motivation d'aujourd'hui. » - *Léonce Kougblenou* -

« Tu ne sais jamais à quel point tu es fort, jusqu'au jour où être fort reste ta seule option. » - *Bob Marley* -

« Le succès est la somme de petits efforts, répétés jour après jour. » - *Leo Robert Collier* -

« Le succès n'est pas la clé du bonheur. Le bonheur est la clé du succès. Si vous aimez ce que vous faites vous réussirez. » - *Albert Schweitzer* -

« Les conditions essentielles pour réussir sont la patience et la certitude du succès. » - *John D.Rockefelle* -

« Nous avons tendance à mesurer la réussite à l'importance de notre salaire ou à la grosseur de nos voitures plutôt qu'aux liens que nous cultivons avec les autres. » - *Martin Luther King* -

MR WASHINGTON

Un jour de dernière année du secondaire, j'entrai dans une classe pour attendre un de mes amis. Je venais de franchir la porte lorsque le titulaire de la classe, Monsieur Washington, apparut soudainement et me demanda d'aller au tableau pour écrire quelque chose, pour faire un problème.

Je répondis que j'en étais incapable.

Il rétorqua : «et pourquoi donc ?»

«Parce que je ne suis pas un de vos élèves», dis-je.

Il répondit : «cela n'a pas d'importance, allez quand même au tableau».

Je rétorque de nouveau : «Je ne peux pas».

Il répéta : «et pourquoi donc ?»

Embarrassé, je restai un moment silencieux.
Puis j'avoue : «parce que je suis un déficient mental léger».

Il contourna son bureau, s'avança vers moi, me regarda et dit : «ne re dites jamais cela. Vous n'êtes pas obligé de croire ce que les autres pensent de vous».

« La première règle de la réussite, ne jamais remettre au lendemain l'exécution d'un travail. » - *Emmeline Raymond* -

« Une période d'échec est un moment rêvé pour semer les graines du succès. » - *Paramahansa Yogananda* -

« Si vous mettez votre coeur dans la réalisation de vos projets, si la passion vous dévore et que rien ne vous arrête succès il y aura » - *Mathieu Thomas* -

« Croyez en vos rêves et ils se réaliseront peut-être. Croyez en vous et ils se réaliseront sûrement. » - *Martin Luther King* -

« Vous ne trouverez jamais ce que vous ne cherchez pas. » - *Confucius* -

« Lorsqu'on regarde dans la bonne direction, il ne reste plus qu'à avancer. » - *Proverbe bouddhiste* -

LE MONDE EST UN PUZZLE

Il était une fois un père de famille qui aimait infiniment son fils. Il avait pour habitude de jouer avec lui après chaque journée de travail.

Pourtant un jour, le père dut ramener du travail supplémentaire chez lui, ce qui voulait dire qu'il n'aurait pas beaucoup de temps à consacrer à son fils. Comme il ne souhaitait pas que son fils sombre dans l'ennui, il décidât de cisailler en petits morceaux une page d'un magazine sur laquelle figurait une mappemonde et mit les morceaux dans la poche de sa veste.

De retour chez lui, le fils sauta au cou de son père et lui demanda de rester jouer avec lui. Le père expliqua qu'il avait du travail à faire et lui tendit les morceaux de la mappemonde, qu'ils étalèrent tous deux sur la table. Il lui expliqua qu'il s'agissait d'une carte du monde qu'il fallait recoller et que lorsqu'il aurait fini ils joueraient alors ensemble. « Ça l'occupera bien pendant quelques heures » pensa le père. Une demi-heure plus tard, le jeune garçon s'approcha de son père et lui annonça qu'il avait terminé de recoller les morceaux de la mappemonde.

Le père, surpris, s'exclama : « ce n'est pas possible, montre-moi ce que tu as fait, je te prie. » Le jeune garçon lui présenta alors les morceaux du puzzle, tous assemblés, représentant la carte du Monde.Le père ajouta « C'est incroyable ! Comment as-tu fait ça ?. » Le garçon répondit « C'était simple. Il y avait la photo d'un homme au dos de la carte. Lorsque j'ai assemblé les pièces de l'homme, le Monde s'est mis en place aussi naturellement.»

« Un objectif bien défini est à moitié atteint.»

- Abraham Lincoln -

« Quand on ose, on se trompe souvent. Quand on n'ose pas, on se trompe toujours. » *- Romain Rolland -*

« La vie c'est comme une bicyclette, il faut avancer pour ne pas perdre l'équilibre. » *- Albert Einstein -*

« Là où vos talents et les besoins du monde se rencontrent, là se trouve votre vocation. » *- Aristote -*

« Accomplis chaque acte de ta vie comme s'il devait être le dernier. » *- Marc Aurèle -*

« N'aie pas peur d'avancer lentement. Aie peur de rester immobile. » *- Proverbe chinois -*

PRENDRE UNE DÉCISION

L'histoire veut que Mozart ait eu un apprenti qu'il avait pris sous son aile.

Après de nombreux exercices de composition, l'apprenti demanda à Mozart s'il lui était possible de composer une symphonie. Mozart lui proposa de composer une petite mélodie pour piano, ce qui vexa l'apprenti qui rappela à Mozart que lui-même avait écrit une symphonie avant l'âge de douze ans. Mozart lui rétorqua : « Oui mais moi, je n'ai jamais demandé l'autorisation à quelqu'un !. »

Ne jamais demander l'autorisation pour faire ce que notre coeur nous dit de faire.

« Tous les hommes pensent que le bonheur se trouve au sommet de la montagne. Alors qu'il réside dans la façon de la gravir. »

- Auteur inconnu -

« Le véritable voyage ne consiste pas à chercher de nouveaux paysages, mais à avoir de nouveaux yeux. » *- Marcel Proust -*

« Avec trop on se perd. Avec moins on se trouve. »

- Tchouang-Tseu -

« Ils ne savaient pas que c'était impossible, alors ils l'ont fait. »

- Mark Twain -

« Accepte ce qui est, laisse aller ce qui était, aie confiance en ce qui sera. » *- Bouddha -*

« S'il y a un problème, il y a une solution. S'il n'y a pas de solution, alors ce n'est pas un problème. » *- Divers auteurs -*

LES 3 FILTRES DE SOCRATE

Comme chacun sait, Socrate avait, dans la Grèce Antique, une haute réputation de sagesse.

Un jour, quelqu'un vient trouver le grand philosophe et lui demande :

– sais-tu ce que je viens d'apprendre sur ton ami ?

– Un instant. Avant que tu ne m'en dises plus, j'aimerais te faire passer le test des 3 filtres.

– Les 3 filtres ?!

– Mais oui, reprit Socrate. C'est ma façon à moi d'analyser ce que j'ai à dire et ce qu'on me dit. Tu vas comprendre…

Le premier filtre est celui de la vérité. As-tu vérifié si ce que tu veux me dire est vrai ?

– Non. J'en ai simplement entendu parler…

– Très bien. Tu ne sais donc pas si c'est la vérité.

– (…)

– Alors passons au deuxième filtre : ce que tu veux m'apprendre sur mon ami, est-ce quelque chose de bon ?

– Ah non ! Au contraire.

– Donc, continua Socrate, tu veux me raconter de mauvaises choses sur lui et tu n'es pas certain qu'elles soient vraies.

– Euh…

– Pour finir, et c'est mon troisième filtre, est-il utile que tu m'apprennes ce que mon ami aurait fait ?

– Utile, non, pas vraiment.

– Alors, conclut Socrate, si ce que tu as à me raconter n'est ni vrai, ni bien, ni utile, à quoi bon m'en parler ?

« Sème une pensée, tu récolteras un acte. Sème un acte, tu récolteras une habitude. Sème une habitude, tu récolteras un caractère. Sème un caractère, tu récolteras un destin. »

-Stefen Covey -

« La vie, ce n'est pas d'attendre que les orages passent, c'est d'apprendre à danser sous la pluie. » *- Sénèque -*

« Nos vies sont pleines de catastrophes qui n'ont jamais eu lieu. » *- Auteur inconnu -*

« On a deux vies. La deuxième commence quand on réalise qu'on n'en a qu'une. » *- Confucius -*

« La vie mettra des pierres sur ta route. A toi de décider d'en faire des murs ou des ponts. » *-Anonyme -*

« Il n'y a pas de réussites faciles ni d'échecs définitifs. »

- Marcel Proust -

LES PERSPECTIVES

Un jour, un riche homme d'affaires emmena son jeune fils à la campagne avec la ferme intention de lui montrer comment des familles de peu de moyens vivent au quotidien. L'homme et son fils passèrent une journée et une nuit entière dans la ferme d'une famille très pauvre.

De retour de leur voyage, le père demanda alors à son fils,
« Comment as-tu trouvé le voyage ? »
« Très bien, papa ! »
« Tu as observé comment certaines familles luttent au quotidien ? »
« Oui, ! en effet »
« Et qu'as-tu appris ? »

Le fils répondit : « Ce que j'ai vu c'est que nous avons un seul chien à la maison et ils en ont quatre. » Nous avons une piscine qui fait la moitié du jardin eux ont un ruisseau qui n'a pas de fin. Nous avons des lampes de jardin alors qu'Ils ont les étoiles. Notre patio ne laisse rien entrevoir, ils ont l'horizon pour eux. »

Le père resta sans voix.
Son fils rajouta : « Merci, papa, de m'avoir montré à quel point nous étions pauvres ! N'est-il pas vrai que tout dépend de la façon dont nous percevons les choses ? »

« J'ai décidé d'être heureux parce que c'est bon pour la santé.» *- Voltaire -*

« Celui qui veut atteindre un objectif lointain doit faire de petits pas. » *- Saul Bellow -*

« La plupart des choses importantes dans le monde ont été accomplies par des personnes qui ont continué à essayer quand il semblait y avoir aucun espoir. » *- Dale Carnegie -*

« Pour réussir, retenez bien ces trois maximes: voir c'est savoir, vouloir c'est pouvoir, oser c'est avoir. »
  - Alfred de Musset -

« Ce n'est pas le vent qui décide de votre destination, c'est l'orientation que vous donnez à votre voile. Le vent est pareil pour tous. » *- Jim Rohn -*

« L'humanité se divise en trois catégories : ceux qui ne peuvent pas bouger, ceux qui peuvent bouger, et ceux qui bougent. »
  - Benjamin Franklin -

LE VERRE D'EAU

Un professeur s'empara d'un verre d'eau qu'il présenta à ses élèves. « Quel est le poids de ce verre d'eau ? » demanda-t-il.
Les estimations des élèves varient entre 10 et 20 ml.
« Est-ce que l'un d'entre vous peut venir m'aider à tenir ce verre d'eau ?. »

Une élève s'avança vers le professeur et tint le verre. La jeune fille montra des signes de fatigue après quelques minutes et demanda au professeur s'il lui était possible de poser le verre d'eau sur la table.

Le professeur hocha la tête et dit aux élèves : « imaginez-vous tenir ce verre d'eau pendant des heures ou pire des jours entiers. Diriez-vous alors que le verre d'eau pèse 20 ml ? »

« Non ! » répondirent les élèves.

« Exactement ! Plus vous le maintenez longtemps, plus vous souffrirez. Souvenez-vous de poser le verre sur la table de temps en temps. »

« Le poids d'un verre d'eau reste le même mais plus vous le portez, plus il est lourd. Nos inquiétudes et anxiétés sont un peu comme ce verre d'eau. Plus vous y pensez, et plus elles font mal. Si vous y pensez toute la journée, vous serez alors incapable de faire autre chose. »

« Seule une personne qui sait lâcher prise à du pouvoir sur elle-même. »

« Celui qui attend que tout danger soit écarté pour mettre les voiles ne prenne jamais la mer. » - *Thomas Fuller* -

« Certains veulent que ça arrive, d'autres aimeraient que ça arrive et d'autres font que ça arrive. » - *Michael Jordan* -

« La plus grande erreur que puisse faire un homme est d'avoir peur d'en faire une. » - *Elbert Hubbard* -

« Le génie est fait d'un pour cent d'inspiration et de quatre-vingt-dix-neuf pour cent de transpiration. » - *Thomas Edison* -

« Personne n'est trop vieux pour se fixer un nouvel objectif ou faire de nouveaux rêves. » - *Les Brown* -

« Si vous n'échouez pas de temps à autre, c'est signer que vous ne faites rien d'innovant » - *Woody Allen* -

WALT DISNEY

Walt Disney c'est l'homme qui nous a donné le Disney World et Mickey Mouse. Il a connu le grand succès et la gloire. Mais son chemin a été plein de difficultés et de rejets.

Aujourd'hui mondialement connu dans le domaine des films d'animation et parc à thèmes, Walt Disney commença par un renvoi d'un poste de rédacteur sous prétexte de manquer d'imagination avant de connaître une succession de faillite et d'échec dans des lancements d'entreprises. Il survit en mangeant de la nourriture pour chiens. Loin de céder à la fatalité, celui-ci se relança dans la création qui est aujourd'hui cet empire du divertissement mondialement connu. Il crée sa société en 1923 et devient peu à peu l'un des producteurs les plus célèbres.

Le 18 novembre 1928, le dessin animé de Mickey, le symbole de Disney, fait sa première apparition devant le public avec pour la première fois depuis le début des créations de Walt, du son synchronisé. C'est ainsi, la naissance de Mickey Mouse, mais aussi de Minnie Mouse et Pat Hibulaire. Disney coûte 13 000 dollars alors que les autres studios dépassent rarement des budgets de 2 500 dollars.
Walt Disney est aussi le créateur du premier "parc à thèmes".

« Pour que la vie soit un conte de fées, il suffit peut-être simplement d'y croire. »

« La meilleure manière de se lancer, c'est d'arrêter de parler et commencer à agir.» - *Walt Disney* -

« Bien penser est sage. Bien planifier est plus sage. Bien agir est le plus sage et le mieux de tout.» - *Proverbe Persan* -

« Il n'y a pas de grande tâche difficile qui ne puisse être décomposée en petites tâches faciles.» - *Adage Bouddhiste* -

« Je savais que si j'échouais, je ne le regretterai pas, mais je savais que la seule chose que je pourrai regretter était de ne pas essayer» - *Jeff Bezos* -

« Soit vous faites marcher les jours, soit les jours vous font marcher.» - *Jim Rohn* -

« Ça va arriver, parce que je vais faire en sorte que ça arrive. » - *Harvey Specter* -

BARACK HUSSEIN OBAMA

Les origines d'Obama auraient dû constituer un handicap insurmontable pour accéder à la présidence.

Son nom à la fois musulman, Hussein, et africain, Barack, le disqualifiait aux yeux d'une grande partie de l'Amérique. Sa couleur de peau le rendait différent de la majorité de la population qu'il devrait représenter, en tant que président des États-Unis d'Amérique.

En 1983, animé par une volonté d'engagement social, transmise par sa mère depuis son enfance et diplômé en sciences politiques et relations internationales Obama se prépare à une première expérience professionnelle. Il est embauché comme animateur social pour aider les églises du quartier noir de Chicago (South Side) à organiser des programmes de formation pour les résidents de ces quartiers pauvres, fortement touchés par la fermeture d'usines et par les licenciements.

En 1988, Obama étudie le droit à la Harvard Law School.

En 2009, Obama devient le premier président noir.

Mais comment a-t-il fait?

C'est grâce à ses idées et ses discours les plus pertinents les uns que les autres. On peut même dire que ses discours sont devenus historiques.

« Notre activité dans la vie n'est pas de dépasser les autres, mais pour prendre de l'avance de nous-mêmes. » - E. Joseph Cossman -

« La meilleure façon de prédire l'avenir c'est de le créer. »
 - Peter Drucker

« Laissez-vous guider par votre rêve, même si vous devez momentanément le mettre de côté pour trouver un emploi ou payer votre loyer. Et restez toujours ouvert aux opportunités de sortir du cadre pour mener la vie et faire les choses qui vous inspirent profondément... n'ayez pas peur. » *- Jane Goodall-*

« Quoi que tu rêves d'entreprendre, commence-le. L'audace a du génie, du pouvoir, de la magie. »
 - Johann Wolfgang Von Goethe -

« Tout obstacle renforce la détermination. Celui qui s'est fixé un but n'en change pas. » *- Léonard De Vinci -*

« Tout ce que tu veux, tout ce dont tu rêves, tout ce que tu espères réaliser est à ta portée, si tu y crois vraiment. » *- Dr. Seuss -*

LEONARDO DICAPRIO

L'acteur connu de tous a fait ses débuts à la télévision grâce à son premier rôle au cinéma dans le film d'horreur "Critters 3" en 1991, dans le film "Blessures secrètes" en 1993 puis ensuite dans "Gilbert Grape" incarnent un garçon déficient intellectuel face à Johnny Depp, ce qui lui permettra d'obtenir l'Oscar du meilleur acteur dans un second rôle à l'âge de 19 ans. Leonardo Dicaprio s'est fait réellement remarquer lorsqu'il a joué dans une pièce de Shakespeare: "Roméo et Juliette" en 1996 et bien évidemment grâce au célèbre film "Titanic" un an plus tard.

Après ça, sa carrière prend un autre tournant. Il commence à travailler avec les plus grands réalisateurs. Parallèlement à son rôle d'acteur, on le connaît pour son engagement en faveur de l'écologie et de sa "Fondation Leonardo Dicaprio" et cette passion lui a fait produire un film documentaire sur le réchauffement climatique " la 11e heure, le dernier virage". Il a déversé 13 millions d'euros, 42 hectares de terre dans l'île de Blackadore Caye, 1 million de dollars en faveur des victimes du tremblement de terre d'Haïti et 38,8 millions de dollars pour l'environnement et de la préservation des espèces menacées et 2,2 millions d'euros pour la protection des tigres au Népal et plein d'autres.

D'après les calculs, l'acteur entrepreneur pèserait près de 185 millions d'euros. Il aurait amassé entre 2018 et 2019, 58 millions d'euros.

« Le plus grand ennemi de notre réussite de demain, c'est parfois notre réussite d'aujourd'hui. » - *John C. Maxwell* -

« Quelle réussite. Si avant la fin de sa vie on ressemble, même de loin, à ce que l'on a toujours voulu être. » - *Marcel Jouhandeau* -

« Ne vous contentez pas du statu quo. Donnez votre meilleur sur le moment. Ensuite, que cela réussisse ou échoue, vous aurez au moins tout donné. » - *d'Angela Bassett* -

« Si quelqu'un est assis à l'ombre aujourd'hui, c'est parce que quelqu'un a planté un arbre il y a longtemps. » - *Warren Buffet* -

« Ne regardez pas vos pieds pour vous assurer que vous effectuez les bons pas. Dansez tout simplement. » - *d'Anne Lamott* -

« Celui qui se perd dans sa passion a moins perdu que celui qui perd sa passion » – *Alexandre Jardin* -

« L'inspiration existe, mais il faut qu'elle vous trouve au travail. » - *Pablo Picasso* -

TYSON FURY

A près sa victoire fulgurante contre le champion du monde poids lourd Wladimir Klitschko, Tyson Fury réalisa son rêve d'enfant, devenir champion du monde à son tour.

Une victoire qui changea sa vie à tout jamais, il avait tout ce qu'un homme désire avoir (célébrité, argent, famille, Gloire) mais quelque part en cours de route il changea et personne ne l'a plus reconnu, il sombra dans la dépression, alcool, drogue, aucune motivation.

Le ciel bleu, les arcs-en-ciel n'est pas le monde, il y a de vraies tempêtes, de lourdes épreuves, peu importe qu'on soit grand et fort la vie vous mettra à genoux et vous laissera comme ça en permanence si on la laisse faire. Tyson finit par comprendre que la seule personne qui pouvait le sortir de ce gouffre sans fin c'était lui et personne d'autre.

Il prit la décision de changer, de s'élever encore plus haut qu'avant, ce n'était pas un combat pour un titre mais le combat contre la vie, il devait se relever au plus vite.

Toutes ses journées commençaient par deux kilomètres de course, puis il enchaînait sur un entraînement de boxe intensif, il était de retour dans la course, il n'y avait plus personne à ses côtés mis à part sa famille.

Après une longue cure, il remonta sur le ring face au champion du monde actuel et le vaincu.

« Je ne perds jamais. Soit je gagne, soit j'apprends. »

- Nelson Mandela -

« Ce n'est pas parce que les choses sont difficiles que nous n'osons pas, c'est parce que nous n'osons pas qu'elles sont difficiles. » *- Sénèque -*

« Crois en toi-même et en tout ce que tu es. Sache qu'il y a des choses à l'intérieur de toi qui sont plus grandes que n'importe quel obstacle.» *- Christian Larson -*

« N'essayez pas de devenir un homme qui a du succès. Essayez de devenir un homme qui a de la valeur. »

- Albert Einstein -

« Le succès c'est tomber sept fois, se relever huit. »

- Proverbe japonais -

« Passer à l'action efface la peur. Qui ose gagne. »

- Winston Churchill -

LIONEL MESSI

Ce joueur de football au talent incroyable a été élu 9 fois en 11 ans meilleurs joueurs de la Liga en tant qu'attaquant au FC Barcelone. Il a remporté 5 fois le ballon d'Or dont 4 années consécutives de 2009 à 2012, ce qui fait de lui le meilleur footballeur de l'histoire. Il est aussi l'un des meilleurs buteurs de l'histoire du football avec 695 buts marqués durant sa carrière grâce à sa motivation sans failles. Le début du joueur n'a pas été si facile à cause de ses problèmes de croissance à l'âge de 13 ans mais grâce au financement du centre de formation du FC Barcelone, il a pu suivre son traitement hormonal.

Il a, durant sa carrière remporté 36 titres qui en contient 34 avec son club. Il est le joueur Barcelonais le plus titré de l'histoire et détient l'un des plus beaux palmarès de son sport. Il a gagné 4 ligues des Champions, 10 championnats d'Espagne, et six Coupes d'Espagne.

Le magazine Time l'a nommé 3 fois dans le classement des personnalités les plus influentes de la planète. Il est Ambassadeur de l'UNICEF, et a créé à l'âge de 20 ans une fondation d'aide à l'enfance. Ses revenus de 2019 sont comptés à près de 635 100 000 euros.

« Faites le premier pas avec foi. Vous n'avez pas à voir tout l'escalier, juste la première marche.» - *Martin Luther King* -

« Prends le temps de réfléchir, mais lorsque c'est le moment de passer à l'action, cesse de penser et vas-y. »
 - *Andrew Jackson* -

« Là où se trouve une volonté, il existe un chemin. »
 - *Winston Churchill* -

« Tout est écrit dans les sons. Le passé, le présent et le futur de l'homme. Un homme qui ne sait pas entendre ne peut écouter les conseils que la vie nous prodigue à chaque instant. Seul celui qui écoute le bruit du présent peut prendre la décision juste. » - *Paul Coelho* -

« La chance consiste à se tenir prêt à saisir les bonnes occasions » - *Oprah Winfrey* -

« Rappelle-toi d'une chose : parfois, ne pas obtenir ce qu'on veut, c'est un coup de chance merveilleux. » - *Dalaï Lama* -

1 JOUR 1 SUCCÈS

PRENEZ QUELQUES LIGNES POUR ÉCRIRE VOTRE PROPRE HISTOIRE INSPIRANTE

....
....
....
....
....
....
....
....
....
....
....
....
....
....
....
....

MAINTENANT ÉCRIVEZ VOS CITATIONS PRÉFÉRÉES, POUR LES RELIRE DANS LES MOMENTS DE DOUTE

....

....

....

....

....

....

....

....

....

....

....

....

....

....

....

....

....

MOTIVATION

L a motivation est l'essence même de l'entrepreneur, vous êtes seul sur la ligne de départ et il n'y a personne qui sera derrière vous afin de vous pousser. Soyez cette personne qui vous pousse, vous n'avez besoin de personne pour avancer et suivre le chemin de vos rêves, c'est à vous de faire la différence.

Certains jours seront plus compliqués que d'autres en matière de motivation, cherchez-la au fond de vous et non dans le monde extérieur. Les plus motivés sont ceux qui ont des objectifs précis en tête, ils savent ce qu'ils veulent, rien ne peut les stopper, les gens « normaux » les appellent les « fous » pourtant ce monde à évoluer grâce aux fous qui n'écoutaient que leur intuition et leurs ambitions. Comment trouver son objectif ?

Repensez au petit enfant que vous étiez, l'enfant innocent qui voulait devenir astronaute, pompier, médecin, infirmier, etc..
Nous avons tous des rêves, des idéaux que nous voudrions atteindre, réfléchissez bien, cherchez au fond de vous, la chose que vous désirez le plus au monde. Vous avez trouvé ?
Voilà, vous avez trouvé votre source de motivation.

VERA WANG

Durant sa jeunesse, Vera Wang étudie le patinage artistique de haut niveau et participe à des compétitions tout au long de son adolescence. En 1968 et 1969, elle et son partenaire, James Stuart, sont classés cinquièmes dans la compétition de patinage artistique en couple junior à la US National Championships.

Après avoir échoué à intégrer l'équipe olympique américaine de patinage artistique, elle se tourne vers l'industrie de la mode.

Après avoir obtenu son diplôme en 1971, Vera Wang met de côté sa carrière de patineuse et commence à travailler pour le magazine Vogue.

En moins d'un an et a seulement 23 ans, Vera est promue au poste de rédactrice mode, titre qu'elle garde 16 ans.

Après avoir quitté Vogue pour s'installer chez Ralph Lauren, à l'âge de 40 ans, elle se lance dans la confection de robes de mariée et devient l'une des créatrices les plus influentes de l'industrie de la mode avec une entreprise estimée à plus d'un milliard de dollars.

Ce qu'il faut retenir : "N'ayez pas peur de prendre le temps d'apprendre. C'est bon de travailler pour d'autres personnes. J'ai travaillé pour les autres pendant 20 ans. Ils m'ont payé pour apprendre." -**Vera Wang**

« La seule façon de faire du bon travail est d'aimer ce que vous faites. Si vous n'avez pas encore trouvé, continuez à chercher. »   *- Steve Jobs -*

« La motivation te sert de départ. L'habitude te fait continuer. » *- Jim Ryun -*

« La question n'est pas de savoir qui va me laisser passer, c'est de savoir qui va m'arrêter. » *- Ayn Rand -*

« Un pessimiste voit la difficulté dans chaque opportunité, un optimiste voit l'opportunité dans chaque difficulté.»
 - Winston Churchill -

«La motivation c'est quand les rêves enfilent leurs habits de travail. »   *- Benjamin Franklin -*

« Je peux accepter l'échec, tout le monde rate quelque chose. Mais je ne peux pas accepter de ne pas essayer. »
 - Michael Jordan -

RIHANNA

Rihanna est un artiste solo qui compte au total 8 albums studios et 2 albums remix. Elle a commencé grâce aux producteurs américains Carl Sturken et Evan Rogers qui l'ont envoyé à New York faire plusieurs démos à envoyer à des maisons de disque. Talentueuse, elle signe sous le label de Sturken et Rogers. Peu de temps après, elle rencontre le président et le chef de la direction de Def Jam Recordings, auditionne, et signe le jour même un contrat d'enregistrement de dix albums avec Def Jam Recordings.

Son premier album se vend déjà à plus de 2 millions d'exemplaires. En 2006, le titre "Unfaithful" est récompensé aux NRJ Musics Awards comme la meilleure chanson internationale de l'année et s'écoule à 4,5 millions d'exemplaires. Les années suivantes, elle continue sur sa lancée et multiplie les succès.

Rihanna est l'artiste qui compte le plus grand nombre de certifications de singles ainsi que la première artiste au monde à franchir le cap des 100 millions de ventes numériques aux États-Unis. C'est aussi l'une des artistes qui a vendu le plus de disques au monde, 280 millions d'albums et de singles depuis le début de sa carrière en 2005.

Elle a fait de nombreux dons considérables comme pour la reconstruction d'une ville ou encore pour des associations et a fait de nombreux concerts gratuits.

«Faites en sorte d'obtenir ce que vous aimez, sinon, vous serez forcé d'aimer ce que vous obtenez. » - *George Bernard Shaw* -

« On dit que la motivation ne dure pas. En fait, c'est comme se laver : c'est pour ça qu'on le fait tous les jours. »
 - *Z. Ziglar* -

« il y a plus de courage que de talent dans la plupart des réussites » - *Felix Leclerc* -

Le pessimiste dit : « je croirai quand je le verrai. »
L'optimiste dit : « Je le verrai quand je le croirai. »
 - *Z. Ziglar* -

« Se réunir est un début, rester ensemble est un progrès, travailler ensemble est la réussite. » - *Henry Ford* -

« La persévérance, c'est ce qui rend l'impossible possible, le possible probable et le probable réalisé. » - *Léon Trotsky* -

LEONARDO DICAPRIO

L'acteur connu de tous a fait ses débuts à la télévision grâce à son premier rôle au cinéma dans le film d'horreur "Critters 3" en 1991, dans le film "Blessures secrètes" en 1993 puis ensuite dans "Gilbert Grape" incarnent un garçon déficient intellectuel face à Johnny Depp, ce qui lui permettra d'obtenir l'Oscar du meilleur acteur dans un second rôle à l'âge de 19 ans.

Leonardo Dicaprio, s'est fait réellement remarquer lorsqu'il a joué dans une pièce de Shakespeare: "Roméo et Juliette" en 1996 et bien évidemment grâce au célèbre film "Titanic" un an plus tard.

Après ça, sa carrière prend un autre tournant. Il commence à travailler avec les plus grands réalisateurs. Parallèlement à son rôle d'acteur, on le connaît pour son engagement en faveur de l'écologie et de sa "Fondation Leonardo Dicaprio" et cette passion lui a fait produire un film documentaire sur le réchauffement climatique "la 11e heure, le dernier virage".

Il a déversé 13 millions d'euros, 42 hectares de terre dans l'île de Blackadore Caye, 1 million de dollars en faveur des victimes du tremblement de terre d'Haïti et 38,8 millions de dollars pour l'environnement et de la préservation des espèces menacées et 2,2 millions d'euros pour la protection des tigres au Népal et plein d'autres.

D'après les calculs, l'acteur entrepreneur pèserait près de 185 millions d'euros.

Il aurait amassé entre 2018 et 2019, 58 millions d'euros.

« La seule chose qui puisse empêcher un rêve d'aboutir c'est la peur d'échouer » - *Paolo Coelho* -

« L'échec n'est qu'une opportunité pour recommencer la même chose plus intelligemment. » - *Henry Ford* -

« Les aptitudes sont ce que vous pouvez faire. La motivation détermine ce que vous faites. Votre attitude détermine votre degré de réussite. » - *Lou Holtz* -

« Je ne perds jamais. Soit je gagne, soit j'apprends. » - *Nelson Mandela* -

« La motivation vous sert de départ. L'habitude vous fait continuer. » - *Jim Ryun* -

« Souviens-toi que le bonheur dépend non pas de ce que tu es ou de ce que tu possèdes, mais uniquement de ta façon de penser. » - *Dale Carnegie* -

CONOR ANTHONY MCGREGOR

Il a été champion de la division des poids plumes et des poids légers de l'Ultimate Fighting Championship. C'est une véritable star planétaire et ambassadeur de la combativité.Il est un bourreau de travail mais aussi bourreau dans la cage, l'Irlandais est une machine de guerre, qui se donne sans relâche.

Conor McGregor n'a pas débuté tout de suite par les arts martiaux mixtes (MMA). Champion d'Irlande de boxe amateur, il a donc d'abord appris à se servir de ses poings. Il n'a pas toujours été riche. Avant d'être célèbre, il était plombier. En 2013, il fait ses débuts en UFC, à Stockholm, où il affronte Marcus Brimage, un Américain invaincu. McGregor le met KO en 13 secondes de combat. Conor McGregor parle de sa relation d'amour avec sa femme.

« Ça fait plus de 8 ans qu'on est ensemble. On habitait en Irlande, à 30 kilomètres de Dublin dans un appartement loué avec une allocation de chômage de 188 €. Je n'avais pas de travail parce que je passais tout mon temps dans les salles d'entraînement. Je savais que j'allais devenir un champion. Elle aussi croyait à ça et elle croyait en moi. Malgré le manque d'argent, elle faisait l'effort, pour que je mange bien, que je puisse respecter le régime de la journée, pour ça elle se donnait à fond. Quand je rentrais chez moi après les durs entraînements, sans force, fatigué, elle me disait toujours : « Conor, je sais que tu y arriveras ! »

Maintenant, je gagne des millions de dollars. Dans mes combats il y a 50-70 000 spectateurs. Je peux acheter n'importe quelle voiture, n'importe quel vêtement, n'importe quel logement. En outre, elle a mérité tout ça et bien encore plus. Elle est toujours à côté de moi et elle ne cesse de me dire que je pourrais tout faire… »

Elle est sans doute une grande source de motivation pour lui, même si l'Irlandais a aujourd'hui une grande communauté de fans et sans doute une équipe qui l'entoure de la meilleure des manières, sa femme aura toujours été sa première supportrice.

« Si tu abandonnes une fois, cela peut devenir une habitude. N'abandonne jamais» *- Michael Jordan -*

« La motivation est, pour l'esprit, semblable à de la nourriture. Une assiette seule ne suffit pas. »
- Peter J. Davies -

« Dans 20 ans, tu seras plus déçu par les choses que tu n'as pas faites que par celles que tu auras faites. Alors, sort des sentiers battus. Mets les voiles. Explore. Rêve. Découvre.» *- Mark Twain -*

« En suivant le chemin qui s'appelle plus tard, nous arrivons sur la place qui s'appelle jamais. » *- Sénèque -*

« Les aptitudes sont ce que vous pouvez faire. La motivation détermine ce que vous faites. Votre attitude détermine votre degré de réussite. » *- Lou Holtz -*

« Ce n'est pas ce que nous sommes qui nous empêche de réaliser nos rêves, c'est ce que nous croyons que nous ne sommes pas. »
- Paul Emile Victor -

MOHAMMED ALI

N é le 19 janvier 1942 à Louisville dans le Kentucky, Cassius Marcellus Clay Jr, plus connu sous le nom de Mohamed Ali, est un boxeur américain. Il excelle dans son sport et sera, à plusieurs reprises, sacré champion du monde. Ce don pour la boxe lui vient dès le lycée où il remporte déjà des prix amateurs tels que les « National Golden Gloves ».

En 1960, il gagne la médaille d'or aux Jeux olympiques de Rome dans la catégorie mi-lourds. La même année, a lieu son premier combat professionnel contre Tunney Hunsaker. Classé dans la catégorie poids lourd, il enchaîne les succès. Le 25 février 1964 est une date clé dans sa carrière. Il remporte le combat face au légendaire Sunny Liston, le champion du titre, que tout le monde pensait invincible. Il devient champion du monde en catégorie poids lourd. Dès lors, Cassisus Marcellus Clay sera reconnu dans la boxe par ses pairs comme étant l'un des meilleurs boxeurs au monde. En 1965, le boxeur se convertit à l'Islam et rejoint la "Nation of Islam". Il change de nom pour Mohamed Ali. Il se fait remarquer pour ses idées politiques et se rapproche de Malcolm X. En 1967, il refuse de participer à la guerre du Vietnam et est condamné à une lourde peine, avec l'annulation de sa licence de boxe. Il la récupère en 1970, puis est acquitté par la Cour suprême.

En 1982, on lui diagnostique la maladie de Parkinson. Ceci marque définitivement la fin de sa carrière de boxeur. Avec 56 victoires sur 61 combats, son opposition à la guerre du Vietnam ainsi que sa lutte pour l'égalité des noirs américains, Mohamed Ali est élu en 1999 par la BBC : personnalité sportive du XXe siècle. La même année, sa fille, Laila Ali, devient également boxeuse.

« Ne jugez pas chaque journée par votre récolte, mais par les graines que vous avez plantées. » - *Robert Louis Stevenson* -

« Une façon d'être optimiste consiste à garder sa tête pointée vers le soleil et les pieds en mouvement. » - *Nelson Mandela* -

« Avoir des objectifs est non seulement nécessaire pour nous motiver, mais c'est essentiel pour que nous restions en vie. »
   - Robert H. Schuller -

« Si vous pouvez le rêver, vous pouvez le faire. » - *Walt Disney* -

« Les entrepreneurs échouent en moyenne 3,8 fois avant de réussir. Ce qui différencie ceux qui réussissent des autres, c'est leur persévérance. » - *Lisa M. Amos* -

« La sagesse suprême, c'est d'avoir des rêves assez grands pour ne pas les perdre de vue pendant qu'on les poursuit. »
   - Francis scoot Fitzgerald -

BRUCE LEE

P ar peur de l'influence des gangs qui se formaient un peu partout à Hong Kong dans les années 50, la mère de Bruce a choisi de l'envoyer aux États-Unis à ses 19 ans. En entrant à l'Edison Technical School de Seattle, il a pu poursuivre sa passion pour les arts martiaux. Plus tard, il réalise son rêve et fonde même sa propre école. Au cours de ses formations, il a mis au point une nouvelle discipline appelée Jun Fan Gung Fu. Il s'agit d'un art qui puise ses valeurs du Wing Chun rehaussé par le style de kung-fu personnel de Bruce.

Bien que l'émergence de cet art martial ait suscité de nombreuses critiques, l'école de Bruce Lee a continué d'enseigner le Jun Fan Gung Fu. D'ailleurs, grâce à l'efficacité de cette technique de combat, les forces spéciales américaines l'ont intégrés dans la close quarter combat.

Lors du tournoi de karaté de 1964 à Long Beach, les démonstrations de kung-fu de Bruce Lee ont tout de suite suscité l'intérêt de beaucoup de monde. Or ce sera le producteur William Dozier qui aura le privilège de lancer la future légende. Ainsi, c'est dans la série intitulée « le frelon vert » que Bruce débute sa carrière d'acteur en 1965. Contrairement à son succès en Asie, la production de cette série s'arrête au bout d'une saison aux États-Unis. Toutefois, la performance du jeune acteur a intéressé plusieurs autres producteurs. Après une longue période passée au second plan dans des films peu connus, la carrière de Bruce reprend son envol en 1971 avec le film « Big Boss ».

L'année suivante, l'acteur poursuit avec « La Fureur de vaincre ». Ce film a été tourné à la même période que « La Fureur du Dragon ». Par la suite, vers la fin de l'année 1972, vient le film « Le jeu de la mort ». Malheureusement, Bruce n'a pas pu finaliser cette production sachant qu'il décède au cours du tournage.

« N'allez pas où va le chemin. Allez là où il n'y en a pas encore, et ouvrez la route. » *- Ralph Waldo Emerson -*

« Les optimistes proclament que nous vivons dans un monde rempli de possibilités... Les pessimistes ont peur que ce soit vrai ! » *- James Branch Cabell -*

« Si vous faites toujours ce que vous avez toujours fait, vous n'irez pas plus loin que jusque-là où vous êtes toujours allé. »
- Sagesse infinie -

« Ceux qui survivent, ce ne sont pas les espèces les plus fortes, ni les plus intelligentes. Ce sont celles qui sont capables de changer. » *- Charles Darwin -*

« Ils ne savaient pas que c'était impossible, alors ils l'ont fait. » *- Mark Twain -*

« Le succès n'est pas la clé du bonheur. Le bonheur est la clé du succès. Si vous aimez ce que vous faites, vous réussirez. »
- Albert Schweitzer -

RAY CHARLES

Ray Charles est né en 1930 dans une famille pauvre d'Albany (Géorgie). Atteint d'un glaucome, il perdit la vue à 7 ans, après avoir assisté sans pouvoir intervenir à la noyade de son petit frère. Il apprit la musique dans une institution pour non-voyants où la ségrégation était malgré tout pratiquée.

Dès l'âge de 17 ans, il commença à se produire avec une petite formation et connut le succès grâce à ses premiers enregistrements dès le début des années 50.

En 1960, c'est la consécration avec Georgia on my mind, reprise d'une chanson de 1930 rendant hommage à la Géorgie, et hit the road, Jack. Ray Charles fit preuve de courage dans son refus du racisme et de la ségrégation.

Devant se produire dans sa Géorgie natale à la fin des années 50, il apprit que la ségrégation serait appliquée dans la salle de concerts et refusa de chanter, ce qui lui valut d'être interdit à vie de concert dans son propre État.

La revanche eut lieu vingt ans plus tard. En avril 1979, Georgia on my mind devient l'hymne officiel de l'État de Géorgie, après des excuses publiques et officielles adressées au chanteur.

« Ce n'est pas la chute qui représente l'échec. L'échec, c'est de rester là où l'on est tombé. » - *Sagesse universelle* -

« Si vous ne faites pas aujourd'hui ce que vous avez dans la tête, demain vous l'aurez dans le cul. » *– Coluche -*

« Nulle pierre ne peut être polie sans friction, nul homme ne peut parfaire son expérience sans épreuve. » *– Confucius -*

« Un homme doit être assez grand pour admettre ses erreurs, assez intelligent pour apprendre de celles-ci et assez fort pour les corriger. » *– John C. Maxwell -*

« Si tu as une pomme, que j'ai une pomme, et que l'on échange nos pommes, nous aurons chacun une pomme. Mais si tu as une idée, que j'ai une idée et que l'on échange nos idées, nous aurons chacun deux idées. » *- George Bernard Shaw -*

« Choisissez un travail que vous aimez et vous n'aurez pas à travailler un seul jour de votre vie. » *- Confucius -*

LOUIS ARMSTRONG

L ouis Armstrong tient un rôle capital dans l'histoire de la musique. C'est lui qui invente et popularise le jazz tel que nous le connaissons aujourd'hui. Trompettiste virtuose et chanteur a la voix si particulière, il est le premier véritable soliste improvisateur à se mettre au premier plan. Louis Armstrong naît dans un milieu défavorisé de la Nouvelle Orléans. Placé dans une maison de correction à l'âge de 13 ans, il aurait pu plonger dans la délinquance mais la rencontre avec un professeur de musique va changer sa vie. Il se met à jouer dans des orchestres, des fanfares, dans les clubs mais ne sachant pas encore lire les partitions, il compense en se servant de l'improvisation. Armstrong est alors surnommé Satchmo(pour "satchel mouth", littéralement "bouche de sacoche") en raison de la taille de sa bouche.

En 1922, il quitte la Nouvelle-Orléans pour Chicago et connaît rapidement le succès. Il enregistre ses premiers disques sous son nom à la tête de son orchestre, le hot Five. Le succès continue à New York où il se produit avec Fats Waller pour la revue Hot Chocolate. Il enchaîne les concerts aux États-Unis et en Europe à la tête d'un grand orchestre.
Devenir une véritable star, Louis Armstrong tourne dans de nombreux films et se produit dans de nombreux pays sous l'égide du département d'État américain comme ambassadeur culturel. Il collabore avec Ella Fitzgerald sur trois albums. En raison de son âge, il se produit de plus en plus en tant que chanteur. C'est à cette époque qu'il enregistre ses chansons les plus fameuses

« A la fin, ce qui compte, ce ne sont pas les années qu'il y a eu dans la vie. C'est la vie qu'il y a eu dans les années. »
– Abraham Lincoln -

« Vous ne pouvez choisir ni comment mourir, ni quand. Mais vous pouvez décider de comment vous allez vivre maintenant. »
– Joan Baez -

« Le talent, ça n'existe pas. Le talent, c'est d'avoir envie de faire quelque chose. » *- Jacques Brel -*

« Quand je suis allé à l'école, ils m'ont demandé ce que je voulais être quand je serais grand. J'ai répondu -heureux-. Ils m'ont dit que je n'avais pas compris la question, j'ai répondu qu'ils n'avaient pas compris la vie ». *- John Lennon -*

« Rêves comme si tu allais vivre pour toujours. Vis comme si tu allais mourir demain. » *- James Dean -*

« Les grands esprits discutent d'idées, les esprits moyens discutent d'événements, les petits esprits discutent des gens.»
- Eleanor Roosevelt -

JACQUES CHIRAC

P résident de la république du 17 mai 1995 au 16 mai 2007, c'était un haut fonctionnaire et homme d'état français. Il a étudié à l'école nationale administrative en étant engagé à gauche dans sa jeunesse. Il rejoint ensuite le cabinet de Georges Pompidou, le premier ministre.

Après avoir été élu député en Corrèze, puis choisi comme premier ministre par Valéry Giscard d'Estaing, il entretient de mauvaises relations avec et décide de démissionner pour lancer un rassemblement pour la République. Il devient par la suite maire de Paris et s'inscrit peu de temps après aux élections présidentielles de 1981. Après un échec il redevient premier ministre, avec, durant cette période, François Mitterrand comme président de la république.

En 1995, il est élu chef d'état. Lors de l'élection présidentielle 2002 il est réélu au second tour bénéficiant d'un "front républicain" face aux candidats du Front National Jean-Marie Le Pen. Après avoir subi une succession d'échec électoral et une maladie en 2005, il perd en popularité et renonce à une troisième élection présidentielle. Des spécialistes le considère comme un président radical-socialiste. À cause d'affaires judiciaires, il est condamné à 2 ans de prison.

« Beaucoup de ceux qui ont échoué n'ont pas réalisé qu'ils étaient aussi près du succès quand ils ont abandonné. »
- Thomas Edison -

« La meilleure façon de prédire l'avenir est de le créer. »
- Peter Drucker -

« Si on me donnait six heures pour abattre un arbre, je passerais la première à affûter la hache. »*- Abraham Lincoln -*

« Vivre c'est se mettre en danger. De la même façon qu'apprendre à marcher c'est d'abord accepter l'idée de tomber.» *- Bottero -*

« Les portes de l'avenir sont ouvertes à ceux qui savent les pousser. » *- Coluche -*

« Il faut viser la lune, parce qu'au moins, si vous échouez, vous finirez dans les étoiles. » *- Oscar Wilde -*

WILL SMITH

Acteur, chanteur, producteur et scénariste, Will Smith est l'un des acteurs les plus respectés à Hollywood. Il a d'abord été découvert dans le milieu de la chanson, puis a été propulsé dans le monde de la télé en jouant un rôle dans la série télévisé "Prince de Bel Air" au début des années 1990. Il est l'un des rares artistes à avoir connu le succès dans le monde du cinéma, de la télévision et de la musique aux Etats-Unis.

Suite au film "Wild wild west" qui n'a pas eu beaucoup de succès, il accepte de jouer un rôle dans deux suites, d'abord "Men in black 2" et "Bad boys 2. Par la suite, il a voulu essayer le cinéma dramatique, ce qui lui a permis d'obtenir l'Oscar du meilleur acteur en 2002 pour ensuite privilégier des projets plus commerciaux qui lui permettra d'avoir une seconde nomination à l'Oscar du meilleur acteur.
Il est le seul acteur à avoir tourné dans 8 films classés premiers au box-office américain dès leur premier week-end de diffusion.

Entre juin 2007 et juin 2008 il est l'un des acteurs les mieux payés d'Hollywood en ayant gagné 80 millions de dollars. Malgré les années 2010 compliqués et des projets mal reçus il rebondit en 2019 avec le film "Aladdin", l'adaptation en prise de vues réelle du film homonyme de 1992. Will Smith incarne le génie et ce film devient le plus gros succès au box-office de sa carrière.

« C'est malheureux de s'égarer. Mais il y a pire que de perdre son chemin : c'est de perdre sa raison d'avancer. »

- Sagesse universelle -

« Se lamenter sur un malheur passé, voilà le plus sûr moyen d'en attirer un autre. » *- William Shakespeare -*

« La plus grande erreur que vous puissiez faire, dans la vie, c'est d'avoir peur de faire des erreurs. » *- John Fitzgerald -*

« La persévérance, c'est ce qui rend l'impossible possible, le possible probable et le probable réalisé.» *- Léon Trotsky -*

« Le but de la vie, ce n'est pas l'espoir de devenir parfait, c'est la volonté d'être toujours meilleur. »

- Ralph Waldo Emerson -

« Seuls ceux qui sont assez fous pour penser qu'ils peuvent changer le monde, y parviennent. » *- Steve Jobs -*

MICHAEL JACKSON

C hanteur, compositeur, danseur, producteur, acteur et chorégraphe il fait ses débuts avec ses frères au sein des Jackson five jusqu'en 1984 tout en commençant une carrière solo en 1971. Dans les années 1980 il devient une figure majeure de la musique pop. Grâce à son talent, ses clips musicaux ambitieux et novateurs, ainsi que ses pas de danse comme le "moonwalk" qui devient sa signature, il est vite considéré comme le roi de la pop. Avec plus de 350 millions de disques vendus dans le monde, il est un des 3 plus gros vendeurs de disques du monde ce qui lui a permis de battre plusieurs records dans l'industrie du disque. Michael Jackson possède l'album le plus vendu dans l'histoire de la musique enregistré avec plus de 66 millions d'exemplaires.

Il a par la suite été certifié 33 fois disque de platine aux États-Unis. Malheureusement ça n'a pas toujours été simple, malgré ses participations à des oeuvres caritatives, il est critiqué à cause de ses multiples recours à la chirurgie esthétique ainsi que pour deux plaintes pour abus sexuel sur mineur n'aboutissent à aucune condamnation en justice. À côté de ça il avait une bonne situation financière avec à son compte en 2007, 236.6 millions de dollars selon une déclaration de l'Associated Press ainsi que 20 millions de dollars d'antiquités, voitures ou encore de pièce à conviction, ce qui l'aidera à couvrir ses dettes.

On apprend suite à sa mort qu'il avait une situation encore plus avantageuse que ce qu'on pouvait penser.

« Il y a au fond de vous de multiples petites étincelles de potentialités; elles ne demandent qu'un souffle pour s'enflammer en de magnifiques réussites. »

- Wilferd Arlan Peterson -

« Une vision sans action n'est qu'un rêve. L'action sans la vision mène nulle part. Une vision accompagnée de l'action peut changer le monde.» *- Loren Eiseley -*

« Tu ne sais jamais à quel point tu es fort, jusqu'au jour où être fort reste ta seule option. » *- Bob Marley -*

« Tout ce que vous avez toujours voulu se trouve au-delà de votre peur. » *- George Adair -*

« Il n'est jamais trop tard pour être ce que vous auriez dû être. » *- George Eliot -*

« Tout ce que l'esprit peut concevoir et croire, il peut le réaliser. » *- Napoleon Hill -*

SYLVESTER STALLONE

On a tous déjà vu Mr Stallone dans un film. Pour ceux qui n'ont jamais entendu parler, il n'est pas trop tard pour se refaire une culture cinématographique! C'est un grand acteur, scénariste, réalisateur et producteur américain. Il a joué dans les fameux films Rambo et Rocky qui restent aujourd'hui de vraies références.

Pourtant, dès son plus jeune âge il a eu des difficultés. Silvester est né avec un traumatisme important qui lui a causé une petite déformation de la bouche la paralysie de sa langue, et une paralysie d'une partie de son visage gauche. Sa bouche est donc légèrement tordue et sa langue est à moitié paralysée, lui causant alors un défaut de prononciation.

Après avoir fini ses études, de retour à New York Sylvester a connu une courte période de chômage, il se retrouve brièvement sans domicile fixe et tourne un film érotique, The Party at Kitty and Stud's, pour lequel il touche, selon son propre témoignage, un salaire de 200 dollars. Il s'agit de sa première apparition au cinéma.

Déterminé à travailler dans le cinéma il apparaît dans des petits rôles au début des années 1970, et se révèle au grand public 6 ans après en 1976 dans Rocky où sa prestation lui vaut d'être nommé aux oscars, aux Golden Globes et aux BAFTA du meilleur acteur et du meilleur scénario original.

« Laissez-vous guider par votre rêve, même si vous devez momentanément le mettre de côté pour trouver un emploi ou payer votre loyer. Et restez toujours ouvert aux opportunités de sortir du cadre pour mener la vie et faire les choses qui vous inspirent profondément... n'ayez pas peur. » *-Jane Goodall*

« La meilleure façon de prédire l'avenir c'est de le créer. »
- Peter Drucker -

« Notre activité dans la vie n'est pas de dépasser les autres, mais pour prendre de l'avance de nous-mêmes. »
- E. Joseph Cossman -

« Faites quelque chose de simple, de mémorable, d'agréable à regarder, et d'amusant à lire . » *- Leo Burnett -*

« Tout ce que tu veux, tout ce dont tu rêves, tout ce que tu espères réaliser est à ta portée, si tu y crois vraiment. »
- Dr. Seuss -

« Tout obstacle renforce la détermination. Celui qui s'est fixé un but n'en change pas. » *- Léonard De Vinci -*

1 JOUR 1 SUCCÈS

WINSTON CHURCHILL

C hurchill a très tôt dû faire face à une succession d'échecs d'abord scolaires, l'homme politique a d'abord suivi une carrière militaire, car ses résultats scolaires n'étaient pas assez bons pour qu'il puisse envisager une carrière politique. Redoublant sa sixième année et affligé d'un « défaut d'élocution », il ne baisse pas les bras et décida de ne pas abandonner son objectif. Une fois en politique, il sera détesté des conservateurs, ainsi que de la gauche du Parti libéral.

Winston Churchill sera même rejeté de son parti politique en raison de désaccords idéologiques de 1929 à 1939, et ce ne sera qu'une fois dans sa soixantaine qu'il atteindra le sommet de sa carrière politique en décrochant le poste de Premier ministre du Royaume-Uni (de 1940 à 1945 durant la deuxième Guerre Mondiale), et Lauréat d'un prix Nobel.
Winston Churchill ne dispose pas de fortune personnelle, il gagne ce qu'il peut grâce à ses dons d'écritures et ses talents de peintre.

Il restera député durant pratiquement toute sa carrière politique. Avant la Première Guerre mondiale il est ministre du commerce, secrétaire du home Office et Premier Lord de l'Amirauté du gouvernement libéral de Herbert Henry Asquith, il fait partie de la fondation des premières lois sociales du Royaume-Uni. Il veut minimiser les pouvoirs de la chambre des lords. C'était un homme aux diverses fonctions politique.

« Personne n'est trop vieux pour se fixer un nouvel objectif ou faire de nouveaux rêves. » - *Les Brown* -

« Si vous pensez que l'aventure est dangereuse, essayez la routine... Elle est mortelle ! » - *Paulo Coelho* -

« Vous ne pouvez pas arrêter les vagues, mais vous pouvez apprendre à surfer.» - *Joseph Goldstein* -

« La meilleure manière de se lancer, c'est d'arrêter de parler et commencer à agir.» - *Walt Disney* -

« Soit vous faites marcher les jours, soit les jours vous font marcher.» - *Jim Rohn* -

« Quoique tu rêves d'entreprendre, commence-le. L'audace a du génie, du pouvoir, de la magie. »
  - *Johann Wolfgang Von Goethe* -

PRENEZ QUELQUES LIGNES POUR ÉCRIRE
VOTRE PROPRE HISTOIRE INSPIRANTE

....
....
....
....
....
....
....
....
....
....
....
....
....
....
....
....
....
....
....
....

MAINTENANT ÉCRIVEZ VOS CITATIONS PRÉFÉRÉES, POUR LES RELIRE DANS LES MOMENTS DE DOUTE

....
....
....
....
....
....
....
....
....
....
....
....
....
....
....
....
....

DÉTERMINATION

Un objectif bien précis, c'est ce dont vous avez besoin si vous voulez continuer à vous lever après chaque chute, dans les moments difficiles c'est cet objectif qui vous maintiendra sur vos deux jambes.

La détermination est un état d'esprit qui vous pousse dans vos derniers retranchements, une capacité que tout le monde possède, une force insoupçonnée qui dort au fond de vous.
Pour développer cette force, il faut surpasser ses limites, travailler une heure de plus chaque soir pour avancer vers vos rêves.

« La détermination c'est de tomber dix fois et se relever onze fois »

COLONEL SANDERS

Cette histoire est l'histoire d'un homme âgé qui vivait dans une petite maison et possédait une voiture d'occasion. Il vivait de l'aide sociale.

À 65 ans, il décida que les choses devaient changer. Il réfléchit à ce qu'il avait à offrir au monde. Ses amis avaient toujours adoré sa recette de poulet rôti.

Il décida de faire de ce talent sa marque de fabrique.

Il quitta son Kentucky natal et traversa plusieurs États dans le but de vendre sa recette de poulet rôti. Il disait aux propriétaires de restaurants qu'il avait une recette de poulet extraordinaire, la plus appétissante qui soit.

Il leur offrait également sa recette gratuitement, demandant uniquement un petit pourcentage sur les articles vendus.

Une bonne affaire, vous ne croyez pas ?

Malheureusement, pas tellement. Il fut refoulé plus de 1000 fois. Toutefois, en dépit de tous ces rejets, il n'abandonne pas. Il croyait dur comme fer à sa recette de poulet, il la savait unique en son genre. Il fut refoulé 1009 fois avant de signer son premier contrat avec un restaurateur américain.

Avec ce succès, le colonel Hartland Sanders changea radicalement les mœurs alimentaires américaines.

Le Kentucky Fried Chicken, populairement connu comme KFC, était né.

Il ne faut jamais abandonner et continuer de croire en soi, en dépit des rejets essuyés, relevez-vous après chaque chute, l'aventure continue !

« Il faut viser la lune, parce qu'au moins, si vous échouez, vous finirez dans les étoiles. » - *Oscar Wilde* -

« Je peux accepter l'échec, tout le monde rate quelque chose. Mais je ne peux pas accepter de ne pas essayer. »
  - Michael Jordan -

« La persévérance est d'échouer 19 fois et de réussir à la 20ème. » - *Julien Andrews* -

« La patience et la persévérance produisent un effet magique devant lequel les difficultés disparaissent et les obstacles se volatilisent. » - *John Quincy Adams* -

« Les grandes choses ne sont pas réalisées par la force mais par la persévérance. » - *Samuel Johnson* -

« Confronté à la roche, le ruisseau l'emporte toujours, non par la force, mais par la persévérance » - *Confucius* -

BRIAN CHESKY

S aviez-vous qu'avant d'être à la tête du leader de la location d'appartements, les fondateurs d'Airbnb ont dû vendre des paquets de céréales pour survivre ? Établis à San Francisco, Brian Chesky et Joe Gebbia avec qui il se met en collocation en 2008 après s'être rencontrés à l'école de design de Rhode Island, se rendent compte, à l'approche d'une conférence, que tous les hôtels de la ville affichent complets mais ce n'est pas ça qui va arrêter nos 2 entrepreneurs.

Débrouillards, ils créent leur site Internet, proposent des couchages dans leur appartement. En investissant dans 3 matelas pneumatiques et en proposant un petit déjeuner, ils encaissent 1 000$ la première semaine. Ils créent leur site internet en l'appelant "Air Bed and Breakfast" qui deviendra plus tard "Airbnb".

Le concept a du mal à prendre. « Tu n'es pas entrepreneur, tu es chômeur », affirment les parents de Brian Chesky. À court d'argent, ils profitent de l'engouement autour de la campagne présidentielle pour vendre des corn-flakes repackagés à la main dans des boîtes "Obama o's" et "Captain Mccain". Au-delà des fonds qu'ils amassent, ils attirent l'attention d'un homme, Nathan Blecharczyk, celui qui les accompagnera jusqu'au succès.

Aujourd'hui Airbnb c'est plus d'un milliard de dollars au deuxième trimestre 2019 et la fortune personnelle de Brian s'élève à 4,2 milliards de dollars.

« La clé du succès est l'action, et l'essentiel dans l'action est la persévérance. » - *Sun Yat-Sen* -

« L'ambition est le chemin du succès, la persévérance est le véhicule dans lequel vous y arriverez. » - *Bill Bradley* -

« Travail avec courage et la persévérance, car la ténacité permet d'atteindre l'excellence ! » - *Didier Court* -

« La persévérance, c'est ce qui rend l'impossible possible le possible probable et le probable réalisé. » - *Léon Trostksy* -

« Avec un talent ordinaire et une persévérance extraordinaire, on peut tout obtenir ! »- *Thomas Fowell Buxton* -

« La persévérance apporte le succès, mais il faut avoir le courage de persévérer » - *Patt El Persévérance Dourilla* -

STEVEN SPIELBERG

A près avoir été refusé trois fois à l'école de théâtre et cinéma de l'University of Southern California.
Il décida finalement d'aller dans une autre l'école, et devint metteur en scène sans avoir son diplôme.

Réalisateur, scénariste et producteur de cinéma américain et résultant de la deuxième génération du Nouvel Hollywood dans les années 70 il commence à produire des succès internationaux et gère en parallèle ses activités de gestionnaire. N'ayant pas obtenu son diplôme, trente-cinq ans après avoir échoué, Spielberg retourna à l'école en 2002 pour prendre sa revanche, terminer son travail et recevoir son diplôme.

Il est par la suite considéré comme le meilleur représentant de l'industrie cinématographique Hollywoodienne car il a su gérer la science du grand spectacle, l'efficacité technique et le pouvoir illusionniste.

Spielberg déclara : « Je voulais le faire depuis de nombreuses années, pour dire merci à mes parents de m'avoir donné l'opportunité de recevoir une éducation et permis de faire une carrière ». Le top 10 films de Spielberg a généré environ 5,86 milliards de dollars de chiffre d'affaires.

« Ce qui suffit ne se détermine point par la quantité des choses qu'on possède. » - *Hiéron* -

« La promesse du succès est avec l'homme qui est déterminé. » - *Francis Parker Yockey* -

« La plus haute forme de vertu est la ferme détermination d'être utile. » - *Marguerite Yourcenar* -

« L'âme est l'ouvrière de la détermination. » - *Montesquieu* -

« L'opinion nous détermine presque aussi souvent que l'amour. » - *Charles Pinot Duclos* -

« La plus vraie des sagesses est une détermination ferme. » - *Napoléon Bonaparte* -

OPRAH WINFREY

Croyez-le ou non, Oprah Winfrey, est devenue à ce jour une des femmes les plus riches de l'industrie du divertissement, elle a malheureusement eu des débuts difficiles.

Congédiée de son premier emploi à la télévision à titre de co-présentatrice, confrontée à plusieurs critiques, on la considérait même comme " inapte pour la télévision " mais l'emblématique animatrice n'a pas abandonné pour autant.

Même après une enfance difficile, le décès de son enfant alors qu'elle était adolescente et bien d'autres déboires professionnels et personnels, Oprah Winfrey a décidée de poursuivre ses rêves et c'est seulement à l'âge de 32 ans qu'elle est devenue millionnaire. La plus grande animatrice de l'histoire de la télévision des États-Unis s'est fait renvoyer de son premier emploi devant la caméra à Baltimore. En dépit de cet échec, la puissante femme d'affaire est devenue l'une des figures les plus emblématiques et riches des médias américains.

À 41 ans sa fortune a atteint une valeur nette de 340 millions de dollars. D'après Forbes, son patrimoine total était de plus de 2,7 milliards de dollars en septembre 2008.

« Détermination, calcul, persévérance, présence d'esprit et mémoire, voilà tout ce qu'il faut pour réussir. »

- Henri-Frédéric Amiel -

« Dans la conduite ordinaire des hommes, il y a plus de déterminations irréfléchies que de démarches prudentes. »

- Pierre-Jules Stahl -

« La détermination spontanée, énergique, conséquente, voilà le signe de l'individualité. Impossible d'être, d'être quelqu'un, sans volonté décidée et soutenue, sans une idée claire et un désir vif. »

- Henri-Frédéric Amiel -

« Qui veut voir parfaitement clair avant de se déterminer ne se détermine jamais. » *- Henri-Frédéric Amiel -*

« Le premier mouvement est presque toujours ce qui nous détermine, et la plupart de nos actions n'en sont guère que le résultat. »

- Marie-Geneviève-Charlotte Darlus -

« Le doute conduit à l'immobilité, il interdit la détermination. »

- Henri-Frédéric Amiel -

MICHAEL JORDAN

Viré de son équipe de basket-ball au lycée, le célèbre joueur de ne s'est pas laissé abattre par cet échec. La star de basket a d'ailleurs déjà dit : « J'ai raté plus de 9000 tirs dans ma carrière. J'ai perdu près de 300 matchs. 26 fois, on m'a fait confiance pour prendre le tir de la victoire et j'ai raté. J'ai échoué encore et encore et encore dans ma vie. Et c'est pourquoi je réussis. »

Il est aujourd'hui considéré comme l'un des plus grands champions de tous les temps. Le président Barack Obama lui a remis la médaille présidentielle de la Liberté le 22 novembre 2016.
Après avoir étudié à l'université de Caroline du Nord à Chapel Hill et après avoir mené les Tar Heels à la victoire lors de la finale du championnat universitaire de 1982 il rejoint les Bulls de Chicago en 1984. Très rapidement, il montre qui il est en faisant d'excellentes prestations.

On le surnomme "Air Jordan" grâce à la capacité de ses sauts. Il est réputé pour être l'un des meilleurs défenseurs de la ligue. Il a remporté 72 matchs lors de la saison 1995-1996, il détient les records pour la plus forte moyenne de points marqués par match en saison régulière sur l'ensemble de sa carrière.
Sa célébrité vient également des produits auxquels il prête son image comme les parfums ou les chaussures. Michael Jordan a, durant sa carrière sportive, gagné 93 285 000 dollars, une somme rarement atteinte par un sportif.

« Nous ne prenons guère la généreuse détermination de dire à chacun ses vérités que quand elles sont blessantes. » - *Alfred Bougeard* -

« L'esprit, tout-puissant dans la délibération qui propose une entreprise, laisse souvent la volonté sans courage dans la détermination qui l'exécute. » - *Antonin Rondelet* -

« Je n'ai pas ce qui fait la détermination, c'est-à-dire cette illusion qui prend parti pour sa volonté et la crois bonne parce qu'elle est sienne. Pour moi, j'ai toujours l'arrière-pensée que le contraire de ce que je vais dire ou faire était peut-être aussi vrai ou aussi bon. »
 - *Henri-Frédéric Amiel* -

« L'audace, l'habileté et la détermination font les vrais chefs. »
 - *Frédéric Dard* -

« L'indifférence pour toute détermination, l'irrésolution en présence des possibles, ce fut ton obstacle éternel. Le besoin du mieux t'a barré la route du bien. » - *Henri-Frédéric Amiel* -

« Toute détermination est un otage donné à la destinée. »
 - *Henri-Frédéric Amiel* -

50 CENT

À l'âge de 10 ans, Jackson était un vendeur de drogue ce qui n'est pas un très bon mode de vie.

Il décide donc de se lancer dans une carrière musicale et commence d'ailleurs très bien puisqu'il est signé par Shady Records, Aftermath et Interscope Records. Par la suite, grâce à Eminem qui lui produit son premier album, il devient le rappeur le plus populaire du moment.

Durant sa carrière, il a vendu plus de 60 millions d'albums à l'international qui lui ont fait obtenir un Grammy Awards, 13 Billboard Music Awards, et bien d'autres prix. Il est aussi producteur, acteur, compositeur et homme d'affaires. Jackson a opté pour le surnom "50 cent" en disant "J'ai pris le nom 50 cent parce qu'il dit tout ce que je veux dire. Je suis le même genre de personne que 50 cent. Je trouve de quoi vivre par tous les moyens." En 2004, le rappeur diminue la scène et décide de créer sa propre ligne de vêtements qui porteront le nom de son groupe "G-Unit Clothing". Il enchaîne en signant des contrats avec Reebok et d'autres marques puis finit par ouvrir son propre label de production "G-Unit Records". Puis se relance dans la musique quelque temps après.

« Un vainqueur est un rêveur qui n'abandonne jamais. »
- Nelson Mandela -

« Un rêve de devient pas réalité grâce à la magie; il faut de la sueur, de la détermination et du travail acharné. »
- Colin Powell -

« La plus haute forme de vertu est la ferme détermination d'être utile » *- Marguerite Yourcenar -*

« La détermination est le facteur le plus important de la réussite » *- Lord Chesterfield -*

« Détermination, calcul, persévérance, présence d'esprit et mémoire, voilà tout ce qu'il faut pour réussir »
- Henri-Frédéric Amiel -

« Ne vous découragez pas, c'est souvent la dernière clef du trousseau qui ouvre la porte » *- Zig Ziglar -*

SOICHIRO HONDA

onda est un mécanicien aussi inventif qu'ambitieux qui va quitter la présidence de la société pour se lancer dans la fondation de la Honda Motor Company en 1948 qui deviendra numéro un mondial de la moto en moins de 10 ans.

Dans ses débuts, Honda essaie de développer de nouvelles technologies avec peu de moyens financiers. Il laisse tomber l'école à 15 ans et préfère aller travailler dans un garage automobile à Tokyo. En 1928 il ouvre son propre garage et commence à construire des voitures de course. En participant à des courses automobiles, il commence à s'intéresser aux motocyclettes. Il se lance donc dans la fabrication d'une société de piston qui seront vendus à Toyota. Honda commence à créer des petits moteurs qu'on pourrait rattacher à des vélos, un gros succès, la moto...

En 1980, Honda a vendu 375 000 voitures sur le marché américain, qu'il admirait beaucoup et ne s'en cachait pas auprès de la presse. Honda n'était pas comme les autres hommes d'affaires Japonais, par exemple, il accordait des promotions aux cadres sur la performance de leur travail et non en fonction de leur âge.

« Comptez sur votre propre force de corps et d'esprit. Prenez comme but l'autosuffisance, la foi, l'honnêteté et l'industrie. Ne tenez pas trop compte des avis, tenez la barre et diriger votre propre navire, et souvenez-vous que le grand art de commander est de prendre une juste part du travail. Elevez la tâche que vous voulez réussir. Energie, détermination invincible avec le juste motif sont les leviers qui font bouger le monde. »

- Noah Porter -

« Je ne perds jamais, soit je gagne, soit j'apprends. »

- Nelson Mandela -

« Le succès est créé par des gens ordinaires ayant une détermination extraordinaire » *- Zig Ziglar -*

« La différence entre le possible et l'impossible réside dans la détermination qui sommeil en toi » *- Tommy Lasorda -*

« Nous avons tous des rêves, mais pour les réaliser, il faut beaucoup de détermination, de dévouement, de discipline et d'efforts » *- Jesse Owens -*

« Étant donné que vous allez penser, pensez donc grand » *- Donald Trump -*

1 JOUR 1 SUCCÈS

AKIO MORITA

A kio trouve sa vocation dans les mathématiques et la physique, il sortira diplômé en physique de l'Université impériale d'Osaka en 1944.
Avant de devenir cofondateur, Akio est nommé sous-lieutenant de la Marine impériale japonaise et a servi durant la Seconde Guerre mondiale.
Par la suite, accompagnés de sa compagne, ils fondent ensemble Tokyo Tsushin Kogyo Kabushiki Kaisha, l'ancêtre de Sony corporation. La société développe d'abord une bande d'enregistrement magnétique puis commence à produire une radio de poche. Ils décident donc d'appeler leur société "Sony" dérivé de *sonus* en latin qui signifie "son".

En 1960, il crée la première télévision à transistor dans le monde. En 1960 c'est au tour du Walkman, le premier lecteur portable de musique au monde, ce qui a fait de Morita, le Japonais le plus célèbre du monde.
Il devient directeur général en 1971 puis PDG en 1976. Le plus important pour lui était la qualité des produits et la motivation du personnel.

D'après lui et ce qui a fini par résumer l'esprit de Sony disait "Tout le monde peut innover si sa vie en dépend" ; "On peut faire des erreurs, mais jamais deux fois la même" ; " les gens sans ambition ni curiosité ne servent à rien"
D'après les leçons de son succès, innover sans adapter parfaitement le produit au marché ne sert à rien.
C'était un homme arrogant et modeste à la fois, fier tout en restant humble.

« Tout obstacle renforce la détermination. Celui qui s'est fixé un but n'en change pas. » - *Léonard De Vinci* -

« La plus vraie des sagesses est une détermination ferme. »
  - *Napoléon Bonaparte* -

« L'échec renforce la détermination et conduit au succès. »
  - *Nanan-Akassimandou* -

« Je suis convaincu que la moitié qui sépare les entrepreneurs qui réussissent de ceux qui échouent est purement la persévérance » - *Steve Jobs* -

« Choisissez un travail que vous aimez et vous n'aurez pas à travailler un seul jour de votre vie. » - *Conficius* -

« Les bourses ne traduisent pas l'état des économies, mais la psychologie des investisseurs » - *Anonyme* -

GOÛTER À LA VIE

A vant de débuter son enseignement auprès du Maître Sha, un jeune homme lui demanda :

« Pouvez-vous m'apprendre le but de l'existence Maître ? »

« Non, je ne peux pas, » répondit le Maître.

« … Ou du moins son sens ? »

« Je ne peux pas. »

« Pouvez-vous m'expliquer la nature de la mort et de la vie dans l'au-delà ?

« Je ne peux pas. »

Le jeune homme s'éloigna alors avec mépris. Les autres disciples avaient assisté à la scène et commençaient à se demander s'ils n'avaient pas fait une erreur en choisissant de suivre l'enseignement de Monsieur Sha.

Le Maître s'exclama finalement d'une voix apaisante,

« Comment comprendre le sens de la vie si tu n'y a jamais goûté ? Je préfèrerais que tu manges ton pudding que de théoriser sur son goût. »

« La motivation vous sert de départ. L'habitude vous fait continuer. »

- Jim Ryun -

« Exposez-vous à vos peurs les plus profondes et après cela, la peur ne pourra plus vous atteindre. » *- Jim Morrison -*

« L'argent et le Succès ne changent pas les gens. Ils ne font qu'amplifier ce qu'ils étaient déjà. » *- Will Smith -*

«Traitez quelqu'un tel qu'il est et il ne fera qu'empirer. Traitez-le tel qu'il pourrait être et il deviendra tel qu'il devrait être. » *- Goethe*

« Je suis reconnaissant à tous ceux qui m'ont dit NON. C'est à grâce à eux que je suis moi-même. » Albert Einstein « La seule chose qui se dresse entre vous et votre rêve, c'est la volonté d'essayer et la conviction qu'il est réellement possible. » *- Joel Brown -*

« Un énorme succès est la meilleure des vengeances.»

- Frank Sinatra -

THOMAS EDISON

C e grand inventeur n'a pourtant pas toujours été reconnu pour ses idées. Les professeurs de Thomas Edison disaient de lui qu'il était "un hyperactif trop bête pour apprendre quoi que ce soit" et a été jusqu'au renvoi de son établissement scolaire.

Le détenteur de plus de 1 000 brevets a ensuite été congédié de ses deux premiers emplois, car il n'aurait pas été assez productif à titre d'inventeur! Après quelques déboires, il trouvera un emploi d'assistant-télégraphiste à Toronto à la Western Union Company où il transformera un télégraphe en « transmetteur-récepteur duplex automatique de code Morse », sa première invention. Il finira aussi par inventer l'ampoule électrique, mais seulement après plusieurs tentatives.

Thomas Edison est aussi l'un des inventeurs du cinéma et de l'enregistrement du son. C'est pour cela qu'on a commencé à le surnommer " le sorcier de Menlo Park. Durant la Première Guerre Mondiale, il fait marcher des usines chimiques et, est nommé par la suite président du comité consultatif de la marine américaine.

À 83 ans, il réalise des tests sur 17 000 plantes dans l'optique de produire de la gomme synthétique, il dépose cette année-là, son dernier brevet..
Il mourra en 1930 à l'âge de 84 ans pendant qu'il poursuivait ses travaux avec acharnement.

« Pour réussir, votre désir de réussite doit être plus grand que votre peur de l'échec. » *- Bill Cosby -*

« La seule façon de faire du bon travail est d'aimer ce que vous faites. Si vous n'avez pas encore trouvé, continuez à chercher. » *- Steve Jobs -*

« Vous n'avez aucune idée de ce qui a été fait ou n'a pas été fait pour arriver là où je suis. » *- Mike Ross -*

« N'importe qui peut faire mon travail, mais personne ne peut être moi. » *– Harvey Specter -*

« L'action est la clé fondamentale de tout succès »
- Pablo Picasso -

« Ne jugez pas chaque jour sur ce que vous récoltez, mais sur les graines que vous semez » *- Robert Louis Stevenson -*

J.K ROWLING

J.K. Rowling était une jeune mère divorcée vivant d'allocations lorsqu'elle commença à écrire le premier "Harry Potter" en 1990. Perdant sa mère la même année, elle n'abandonne pas son projet, qu'elle poursuivra pendant près de 7 ans. Vers la fin et après une dépression, elle travaille nuit et jour à ce roman afin de retourner à l'enseignement. Une fois terminé, Harry Potter se voit refuser par les éditeurs, du moins jusqu'à ce que Christopher Little, un agent littéraire, s'y intéresse et aide Rowling à faire publier son livre... qui la rendra milliardaire.

Ses romans ont été traduits en près de 80 langues et ont été vendus à plus de 500 millions d'exemplaires dans le monde. Elle remportera de nombreux prix littéraires comme les prix Hugo, Locus et Bram Stoker. Elle a aussi reçu la croix de chevalier de la légion d'honneur. J.K Rowling a été élu vice-champion du titre de la personnalité de l'année 2007 par Time magazine et, est nommée "Femme la plus influente de Grande-Bretagne" par des éditeurs.

Avec sa fortune personnelle qu'elle a pu gagner grâce à son succès planétaire, elle fait des dons réguliers à de nombreuses associations caritatives qui luttent contre la maladie et les inégalités sociales.
En 2012, elle publie le roman social "Une place à prendre" et commence une série policière l'année d'après.
Elle devient scénariste pour le cinéma en 2016 en produisant "Les animaux fantastiques" un grand succès.

« Je n'avais qu'un seul but, du matin jusqu'au soir, me tailler une existence à mes propres mesures. » - *Albert camus* -

« N'allez pas où va le chemin. Allez là où il n'y en a pas encore, et ouvrez la route. » — *Ralph Waldo Emerson* -

« Quand on réalise qu'il est possible de continuer d'apprendre sans limites, on commence à apprendre à vivre. »
  - *Dorothy West* -

" Les hommes sont malheureux parce qu'ils ne réalisent pas les rêves qu'ils ont." - *Sartre* -

« Pour ce qui est de l'avenir, il ne s'agit pas de le prévoir, mais de le rendre possible. » - *Antoine DE SAINT-EXUPERY* -

« Vous constaterez que l'information est très accessible dans ce monde, et c'est l'une des seules choses qu'une personne peut assimiler à volonté. » - *John Graham* -

STEPHEN KING

Stephen King n'a pas toujours été l'auteur à succès que l'on connaît aujourd'hui. Retiré de l'école en raison de divers problèmes de santé, il passe son temps à la maison, à écrire des histoires. Son imagination plutôt lugubre lui vient d'ailleurs d'événements bien réels. À l'âge de quatre ans, le jeune Stephen voit un train écraser un camarade de jeu sous ses yeux.

C'est à l'âge adulte, alors qu'il travaille comme professeur d'anglais, qu'il termine toutefois son premier roman, Carrie, refusé 30 fois par les éditeurs. Il voulut bien sûr abandonner le livre, mais son épouse le pousse à le présenter à nouveau et le manuscrit se voit enfin publié. C'est alors le début d'une carrière prolifique pour King, qui se met à l'écriture de nombreux romans à succès.
Son premier roman est publié en 1974, un roman d'horreur qui le rendra célèbre. Il écrit aussi des romans Fantastiques, de fantaisie, de science-fiction ou encore de roman policier. Ses livres se sont vendus à plus de 350 millions d'exemplaires dans le monde, il établit le nouveau record de ventes dans le domaine de l'édition.

Il a longtemps été critiqué pour son style familier ou pour ses romans un peu trop gores. Il a remporté par la suite beaucoup de prix littéraires.
Stephen Edwin King est un romancier, nouvelliste, scénariste et réalisateur. Il possède une fortune personnelle estimée à 145 millions d'euros.

« Fixer des objectifs est la première étape pour transformer l'invisible en visible. » - *Tony Robbins* -

« Si nous ressentons de l'insécurité, c'est parce que nous comparons les derrières des coulisses de notre vie avec les meilleures séquences de la vie des autres. » - *Steve Furtick* -

« La force ne vient pas en gagnant. Vos épreuves développent votre force. Quand vous allez à travers les épreuves et décidez de ne pas abandonner, c'est cela la vraie force.» - *Arnold Schwarzenegger* -

« Ne vous laissez pas intimider par l'échec. Il suffit d'avoir raison une seule fois.» - *Drew Houston* -

« La plus grande gloire de l'existence ne repose pas dans la réussite constante, mais dans l'élévation après une chute.» - *Nelson Mandela* -

« La vie, c'est comme une bicyclette, il faut avancer pour ne pas perdre l'équilibre. » – *Albert Einstein* -

ANNA WINTOUR

Anna Wintour règne depuis près de trente ans dans l'univers de la mode. Du haut de ses 14 ans, elle conteste déjà l'uniforme en vigueur en raccourcissant sa jupe et se fait une coupe au carré qui devient au fil des années, sa marque de fabrique. Elle fait ses débuts en quittant les études pour faire une formation chez Harrods et en suivant des cours de mode dans une école à proximité. Elle abandonne très vite car pour elle "La mode ne s'apprend pas".

Rédactrice en chef du Vogue US depuis 1988, son début de carrière avait très mal débuté puisqu'elle a été renvoyée au bout de neuf mois d'expérience de son poste de rédactrice au sein du magazine Harper's Bazaar car elle ne comprenait pas le marché américain. La jeune femme avait tendance à prendre des photos innovantes ce qui a créé une mésentente avec le nouveau rédacteur en chef, ce qui lui a donc coûté sa place. Elle rebondit rapidement mais sans conviction au sein du magazine concurrent Elle vécut pendant 2 ans, accompagnée d'une assistante puis laissa un trou de dix-huit mois dans son CV sur fond de déception amoureuse, elle traversa selon ses propres mots une "période cafard" mais persévéra, saisissant les opportunités qui lui ont été offertes pour atteindre le succès qu'on lui connaît aujourd'hui.

"Entreprendre : ne pas s'arrêter à la première difficulté"

« La plus grande erreur que puisse faire un homme est d'avoir peur d'en faire une. » – *Elbert Hubbard* -

« S'il n'y a pas de difficultés, il n'y a pas de progrès. »
  - Frederick Douglass -

« Celui qui attend que tout danger soir écarté pour mettre les voiles ne prendra jamais la mer. » – *Thomas Fuller -*

« La persévérance n'est pas une longue course ; c'est beaucoup de courses courtes l'une après l'autre. » - *Walter Elliot -*

« Construisez votre succès à partir de vos échecs. Le découragement et l'échec sont les étapes les plus sûres pour parvenir au succès. » - *Dale Carnegie -*

« L'indécision fait perdre plus de temps qu'une mauvaise décision. » - *Marcus Tullius Cicero -*

PRENEZ QUELQUES LIGNES POUR ÉCRIRE VOTRE PROPRE HISTOIRE INSPIRANTE

....
....
....
....
....
....
....
....
....
....
....
....
....
....
....
....
....
....

MAINTENANT ÉCRIVEZ VOS CITATIONS PRÉFÉRÉES, POUR LES RELIRE DANS LES MOMENTS DE DOUTE

....

....

....

....

....

....

....

....

....

....

....

....

....

....

....

....

....

SUCCÈS

Notre société considère les personnes qui ont réussi comme des personnes qui ont toute la richesse du monde (une belle carrière, une belle voiture, une belle maison...). Une majorité de ces personnes déclarent ne pas avoir réussi leur vie.

La vraie réussite n'est donc pas quelque chose qu'on peut acheter ?

Vous vous doutez bien que non, l'argent est seulement un moyen, un accélérateur dans le processus de la réussite.

La réussite est un long fleuve agité, c'est la somme de plusieurs étapes nécessaires pour grandir et devenir meilleur de jour en jour.

Pour réussir dans le domaine que vous souhaitez, vous allez devoir faire face à vos échecs, vos peurs, vos doutes, vous-même. Si vous êtes dans une de ces étapes, vous êtes sur la bonne route, ne regardez plus en arrière continuer d'avancer.

KIM KARDASHIAN

A près avoir vécu plusieurs années dans l'ombre de ses amis célèbres elle a fini par devenir une star à son tour.

Après avoir perdu son père à la suite d'un cancer en 2003, la star est devenue la meilleure amie de Paris Hilton, ce qui lui a permis d'attirer l'attention des médias.

Depuis 2007, elle et sa famille sont les vedettes d'une émission de télé-réalité qui a eu beaucoup de succès "l'incroyable famille Kardashian". Pendant plusieurs années, elle organisait la garde-robe de sa complice et la suivait dans tous les événements dans l'espoir de se faire remarquer. Elle a fini par lancer plusieurs collections de vêtements, de produits de beauté et de maquillages avec ses deux soeurs.

En 2010, elles publient toutes les trois un livre, "Kardashian Konfidential" dans lequel elles livrent leurs secret. Elle crée ensuite son propre jeu "Kim Kardashian : Hollywood" qui lui aura rapporté 85 000 000 de dollars.En 2015 elle fait partie des personnes les plus influentes du monde et est aussi la personnalité de télé-réalité la mieux payée. D'après certaines révélations Kim possèderait près de 150 millions de dollars.

« Le succès n'est pas ce que vous avez, mais plutôt qui vous êtes. »

- Bo Bennet -

« Si vous pensez que vous êtes trop petit pour avoir de l'impact, essayez d'aller au lit avec un moustique. » *– Anita Roddick -*

« Quand vous êtes bloqué, la meilleure façon de repartir, c'est de bouger. Courrez. Marchez. Ecrivez. Faites la vaisselle. Ou quoi que ce soit d'autre. Mais ne vous asseyez pas là en attendant un flash qui descend du ciel. » *– Gary Halbert -*

« Se dédier à faire tout ce que l'on peut pour aider les autres à obtenir ce qu'ils veulent, c'est la clé du succès. » *– Brian Sher -*

« Quand on concentre son attention sur un seul projet, l'esprit suggère constamment des idées et des améliorations qui lui échapperaient s'il était occupé avec plusieurs projets en même temps.» *– P.T. Barnum -*

« J'ai plus peur d'une armée de 100 moutons menée par un lion qu'une armée de 100 lions menée par un mouton. » *- Charles Maurice -*

MADONNA

C onsidérée comme la reine de la pop des années 2000, elle a tout mis en oeuvre pour réaliser ses rêves.

Celle qu'on surnomme aujourd'hui "The Queen of Pop" a déménagée à New York avec à peine 35$ en banque pour devenir chanteuse et danseuse. Madonna a été ensuite congédiée de son emploi chez Dunkin' Donuts.

Elle a commencée sa carrière en signant chez Sir Records en 1982 et sort son premier album l'année d'après. La vedette s'est ensuite fait reconnaître quelques années plus tard en enregistrant plusieurs démos avec différents producteurs. C'est la chanteuse ayant vendu le plus de disques de tous les temps (plus de 300 millions). C'est grâce à son audace et son style de musique qui pouvait aller dans la provocation comme la religion, la sexualité ou encore la politique et son courage qu'elle est devenue une des plus grandes stars au monde.

Elle est souvent considérée comme influence majeure des jeunes artistes du 21ème siècle. Possédant entre 570 et 800 millions de dollars, Madonna devient la chanteuse la plus riche du monde ainsi que l'une des 6 artistes (et la seule femme) à avoir fait des tournées qui ont rapporté plus d'un milliard de dollars de recette depuis 1990.

« La gratitude n'est pas seulement la plus grande des vertus, mais également le parent de toutes les autres. » - *Cicero* -

« Les leaders ne forcent personne à les suivre, ils les invitent à un voyage. » - *Charles S. Lauer* -

« Je peux accepter l'échec, tout le monde échoue dans quelque chose. Mais je ne peux accepter de ne pas essayer. »
- *Michael Jordan* -

« La pensée positive vous permettra de tout faire d'une meilleure façon que la pensée négative. » - *Zig Ziglar* -

« De grands accomplissements ont souvent pris naissance par de grands sacrifices, et ce n'est jamais le résultat de l'égoïsme. » - *Napoleon Hill* -

« Prenez vos décisions en fonction d'où vous allez, pas en fonction d'où vous êtes. » - *James Arthur Ray* -

KATY PERRY

Auteur-compositeur-interprète américaine de musique pop et rock, Katy Perry n'a pas connu le succès immédiat.

Après avoir lancé son album studio "Katy Hudson" chez Red Hill Records en 2001 qui n'a pas fonctionné, elle part s'installer à Los Angeles dans l'espoir de devenir une pop star internationale.

Après avoir signé avec deux maisons de disque qui l'ont ensuite abandonnées, la vedette a rencontrée les producteurs Dr. Luke et Max Martin. Le label Capitol Records a cru en elle, elle signe un contrat d'enregistrement en 2007.

Ses singles"I Kissed A Girl" et "Hot n Cold" sont ensuite devenues des succès planétaires. Aujourd'hui, Katy Perry est considérée comme l'une des plus grandes stars de sa génération.

Suite à ça elle devient célèbre en 2008 et remporte de nombreux prix durant les années suivantes dont 4 Guinness World Records, 5 American Music Awards, 1 Brit Award et 1 prix Juno.

La pop star est, d'après les listes annuelles Forbes l'une des femmes les plus productrices de musique de 2011/2017. Sa fortune est estimée en 2016 à 125 millions de dollars. Ayant vendu plus de 45 millions d'albums et plus de 135 millions de singles elle devient l'un des artistes musicaux les plus vendus de tous les temps.

« Si vous ne pouvez pas faire de grandes choses, faites de petites choses de façon grandioses. » - *Napoleon Hill* -

« Si ce que vous faites ne vous rapproche pas de vos buts, alors c'est que ça vous éloigne de ceux-ci. » - *Brian Tracy* -

« Si tout est sous contrôle, vous n'allez pas assez vite. »
  - *Mario Andretti* -

« Le succès, c'est vous aimer vous-même, c'est aimer ce que vous faites et c'est aimer comment vous le faites. »
  - *Maya Angelou* -

« La logique vous mènera de A à B. L'imagination vous mènera partout. »   - *Albert Einstein* -

« Notre entreprise dans la vie n'est pas de surpasser les autres, mais bien de se surpasser soi-même. »
  - *E. Joseph Cossman* -

LE DUO QUI A RÉVOLUTIONNÉ LE MONDE !

L arry Page et Sergey Brin sont deux entrepreneurs qui ont su révolutionner la recherche sur Internet.

Ils développent dès leur sortie de l'université de Stanford un projet de taille baptisé Google. Celui-ci offre une nouvelle dimension plus fluide et plus pratique aux recherches sur Internet. Ils créent un logiciel de recherches en ligne basée sur un algorithme prédéfini, et non sur la récurrence des mots-clés. La plateforme rencontre un véritable succès en 1999. En deux ans, les requêtes à traiter passent de 100 000 à 100 millions par jour.

Quatre ans après sa création, Google enregistre une réussite financière sans précédent, grâce à la publicité insérée sur la plateforme de manière subtile et peu encombrante. Aujourd'hui, c'est le moteur de recherche le plus utilisé du web.

En 2005, Sergey et Larry sont classés dans les plus grandes fortunes de la planète avec 7,2 milliards de dollars chacun. En 2006, Sergey a une fortune de 12,9 milliards de dollars et Larry en gagne 12,8 milliards.
En janvier 2010, Sergey Brin annonce son intention de vendre des actions et d'en acheter d'autres.
En 2016 il est placé 13ème sur la liste des milliardaires du monde du magazine.
En 2019, il a atteint les 53,4 milliards de dollars.

« Un homme doit être assez grand pour admettre ses erreurs, assez intelligent pour apprendre de celles-ci et assez fort pour les corriger. » - *John C. Maxwel* -

« La chose la plus précieuse que vous pouvez faire est une erreur. Vous ne pouvez rien apprendre en étant parfait. »
- *Adam Osborne* -

« L'éducation formelle vous aidera à vous faire une vie. L'auto-éducation vous aidera à faire fortune. » - *Jim Rohn* -

« Un entrepreneur a tendance à mordre un peu plus qu'il ne peut en mâcher en espérant qu'il va vite apprendre à le mâcher. » - *Roy Ash* -

« Les opportunités d'entreprise sont comme les autobus, il y en toujours une autre qui s'en vient. » - *Richard Branson* -

« Un pessimiste voit la difficulté dans chaque opportunité, un optimiste voit l'opportunité dans chaque difficulté. »
- *Winston Churchill* -

HENRY FORD

Henry Ford a joué un rôle important dans l'histoire de l'industrie américaine et on le considère même comme l'un des fondateurs de la classe moyenne américaine. Ford estimait en effet nécessaire de bien payer ses ouvriers, afin qu'ils puissent s'offrir une voiture. Et pour réduire l'important taux de roulement du personnel, il a doublé les salaires et a diminué les heures de travail : la rémunération est passée de 2,34 dollars pour une journée de travail de 9 heures à 5 dollars pour journée de 8 heures.

Ford n'a pas connu immédiatement le succès. Il a d'abord fondé la « Detroit Automobile Company » en 1899 avec quelques investisseurs, mais celle-ci a rapidement fait faillite. La société a repris sous le nom de « Henry Ford Company », avec Henry aux commandes.

Mais cette entreprise a aussi connu l'échec après quelques mois. Les actionnaires ont forcé Henry Ford à quitter la société, qui a été rebaptisée… Cadillac. La troisième tentative fut la bonne : en 1903, Henry créa la « Ford Motor Company », qui connaîtra un énorme succès après le lancement de la Model T en 1908. En 1919, aux États-Unis, presque une voiture sur deux était une Ford.

« Échouer, c'est avoir l'opportunité de recommencer de manière plus intelligente ».

« Si vous pensez que vous allez aimer quelque chose, faites-le. Sinon, vous allez vous donner des coups de pied dans le derrière pour le reste de votre vie. » *- Joe Penna -*

« Chaque bonne réalisation, grande ou petite, connait ses périodes de corvées et de triomphes; un début, un combat et une victoire. » *- Mahatma Gandhi -*

« Le meilleur moyen de prévoir le future, c'est de le créer. » *- Peter Drucker -*

« Vous devriez toujours rester affamé. Rester affamé fera en sorte que vous pourrez manger. » *- Syed Balkhi -*

« Vous devez soit modifier vos rêves ou améliorer vos compétences. » *- Jim Rohn -*

« Je n'ai pas échoué. J'ai simplement trouvé 10 000 façons ne pas y arriver. » *- Thomas Edison -*

JEFF BEZOS

N é sous le nom de Jeffrey Preston Jorgensen. Son père l'abandonne à sa naissance. Sa mère, alors adolescente, fait la connaissance de Miguel Bezos, un immigré cubain installé aux États-Unis toujours étudiant lorsqu'ils se rencontrent. Elle épousa Miguel, lequel adopte Jeff, qui dès à présent porte son nom, et l'élève comme son propre fils. Enfant surdoué, Jeff est doté d'un très haut QI.

Après avoir obtenu son diplôme à l'université de Princeton en 1986 avec un Bachelor en Arts et Science de l'informatique, il travaille dans plusieurs entreprises financières de Wall Street, dont D.E. Shaw & Co un des plus grands fonds d'investissements basé à New York.

Amoureux de lecture, il veut créer «la plus grande librairie sur Terre». Le 16 juillet 1995, le site Amazon.com ouvre, le premier livre est vendu suivi d'une longue série. Trois ans à peine après son démarrage, la librairie en ligne se diversifie à tout-va et devient seulement quelques années plus tard le plus grand supermarché en ligne. Jeff décroche le pactole en peu de temps, en 2000, Jeune entrepreneur, il voulait conquérir le monde. Mais la Terre est devenue trop petite pour lui. Dès 2000, il crée la société Blue Origin pour développer de nouvelles technologies afin de réduire le coût de l'accès à l'espace.

En 2018, Amazon enregistre un bénéfice net de 10,1 milliards de dollars. Autant vous dire que Jeff Bezos à tout pour lui !

« Venir ensemble est un commencement; rester ensemble est un progrès; travailler ensemble est un succès. »- *Henry Ford-*

« Commencez maintenant, pas demain. Demain est une excuse de perdant. » *- Andrew Fashion -*

« Si vous commencez avec rien et que vous finissez avec rien, vous avez donc rien à perdre. » *- Michael Dunlop -*

« Peu importe qui vous êtes ou qui vous avez été, vous pouvez être qui vous voulez. » *- W. Clement Stone -*

« Certains rêvent d'incroyables réalisations, pendant que d'autres restent éveillés et les font. » *- Anonyme -*

« Le seul endroit où le succès vient avant le travail, c'est dans le dictionnaire. » *- Vidal Sassoon -*

MARK ZUCKERBERG

Facebook est fondé en 2004 par Mark Zuckerberg et 4 de ses camarades de son université. D'abord réservé aux étudiants de l'université d'Harvard, il s'est ensuite ouvert à d'autres universités américaines avant de devenir accessible à tous en septembre 2006.

Plus jeune milliardaire de la planète avec 4 milliards de dollars en 2010, Mark Zuckerberg, créateur et CEO du réseau social Facebook s'affiche à la 52e place des hommes les plus riches dans le classement Forbes 2011. Sa fortune personnelle est estimée à 13,5 milliards de dollars en 2011.

En 2004, Mark Zuckerberg lance officiellement Facebook, un réseau social destiné d'abord aux étudiants d'Harvard puis aux autres universités, le succès est immédiat. Peu à peu, Mark ajoute des fonctionnalités qui permettent de retrouver facilement des connaissances, de communiquer avec elles et de voir d'un coup d'œil les amis en commun.
En 2019, sa fortune personnelle est estimé à 74,1 milliards de dollars selon le magazine Forbes ce qui fait de lui, le huitième sur la liste des milliardaires du monde de Forbes.

En versant 999,2 millions de dollars à la fondation Silicon Valley Community Fondation il deviendra l'un des 50 donateurs américains les plus généreux en 2013 d'après The Chronicle of Philantropy.

« Le succès, c'est se promener d'échecs en échec tout en restant motivé. » - *Winston Churchill* -

« Dans le domaine des idées, tout dépend de l'enthousiasme. Dans le monde réel, tout repose sur la persévérance. »
- Johann Wolfgang von Goethe -

« Si vous attendez pour agir, tout ce que vous gagnerez, avec le temps, c'est de l'âge. » *— Brian Tracy -*

« Une décision moyenne qu'on transforme rapidement en action donne souvent des meilleurs résultats qu'une décision parfaite qu'on met plusieurs mois à exécuter. » *— Lee Iacocca -*

« Dans vingt ans vous serez plus déçus par les choses que vous n'avez pas faites que par celles que vous avez faites. Alors sortez des sentiers battus. Mettez les voiles. Explorez. Rêvez. Découvrez. »
- Mark Twain -

« Le succès c'est tomber sept fois, se relever huit fois. »
- Proverbe japonais -

ELON MUSK

Jeune enfant, Elon Musk lisait 10 heures par jour. Il avait déjà lu l'ensemble de l'Encyclopedia Britannica à l'âge de 9 ans.

Il s'enseigna lui-même comment coder, ne prenant que 3 jours pour apprendre un langage de programmation appelé «BASIC». À 12 ans, il écrit et vend son jeu vidéo "Blastar" à 500 $.

Lorsqu'il étudiait à l'Université de Pennsylvanie, son copain et lui ont tenu une causerie dans leur maison louée. Cela lui a permis de payer ses frais de scolarité et de gagner un mois de loyer en une nuit . Il a finalement obtenu deux diplômes - un en physique et un en économie - et a même été admis au programme de doctorat de Stanford. Cependant, il est parti après seulement deux jours de doctorat parce qu'il était déterminé à fonder une start-up appelée «Zip2» avec son frère. Outre Zip2, Elon Musk a fondé de nombreuses autres sociétés telles que X.com, PayPal, SpaceX, Tesla, SolarCity et The Boring Company.

Je suis à peu près sûr que nous avons tous entendu parler d'au moins une de ces sociétés. Il dirige toujours certaines de ces sociétés aujourd'hui, mais on peut se demander comment il pourrait les gérer en même temps. La réponse réside dans sa détermination et son sens des responsabilités envers ses entreprises. Il a déclaré que "créer une entreprise, c'est presque comme avoir un enfant" et qu'il est connu pour travailler jusqu'à 100 heures par semaine !

« Seulement ceux qui prendront le risque d'aller trop loin découvriront jusqu'où on peut aller. » - T.S. Elliot -

« Si vous ne courrez pas après ce que vous voulez, vous ne l'aurez jamais. Si vous ne demandez pas, la réponse sera toujours non. Si vous ne faites pas un pas en avant, vous restez toujours au même endroit » - Nora Roberts -

« Le succès n'est pas la clé du bonheur. Le bonheur est la clé du succès. Si vous aimez ce que vous faites vous réussirez. »
  - Albert Schweitzer -

« Si vous mettez votre coeur dans la réalisation de vos projets, si la passion vous dévore et que rien ne vous arrête succès il y aura »
  - Mathieu Thomas -

« Une période d'échec est un moment rêvé pour semer les graines du succès. » - Paramahansa Yogananda -

« La première règle de la réussite, ne jamais remettre au lendemain l'exécution d'un travail. » - Emmeline Raymond -

STEVE JOBS

rès peu d'entrepreneurs ont été aussi innovants que cette légende. Dans le monde de l'informatique il a laissé son empreinte avec le tout premier Macintosh, l'Ipod, l'Iphone et la tablette. Il disait souvent "Décider de ce qu'on ne doit plus faire est aussi important que de décider quoi faire. C'est vrai pour le management des sociétés, c'est aussi vrai pour les produits".

Sur 10 choses primordiales à réaliser par Apple à la demande de personnalités importantes de la société, il n'en retenait au total, que 3. C'est en visitant le labo Parc de Xerox qu'il inventa le premier Macintosh.

Steve Jobs avait la capacité à ne pas se contenter du présent, mais d'anticiper le futur. Il avait assuré l'avenir d'Apple sur 10 ans après sa mort avec la mise en place de projets: Iphone5, Ipad 3, Ipod Touch 5G. En s'inspirant de ce qui existait déjà, il savait améliorer en étudiant les opportunités offertes par la technologie. C'était un homme perfectionniste et déterminé qui a toujours assumé ses choix et ses idées malgré les critiques.

Il possédait 5,426 millions d'actions de son entreprise et 138 millions d'actions Disney. En 2011, Forbes estime sa fortune personnelle à 7 milliards de dollars, ce qui faisait de lui la 39ème plus grande fortune américaine.

« Il n'existe rien de constant si ce n'est le changement. »

- *Bouddha* -

« Au fur et à mesure que je modifie mes pensées, le monde autour de moi se transforme. » - *Louise L. Hay* -

« Celui qui est le maître de lui-même est plus grand que celui qui est le maître du monde. » - *Bouddha* -

« On sait qu'on est sur la bonne voie quand on n'a plus envie de se retourner. » - *Auteur inconnu* -

« Un objectif bien défini est à moitié atteint. »

- *Abraham Lincoln* -

« Ne t'inquiète pas de l'échec. Inquiète-toi de ce que tu manques si tu n'essayes même pas. » - *Jack Canfield* -

BERNARD ARNAULT

Cet homme prestigieux est un collectionneur d'art autant qu'il est homme d'affaires, ingénieur et entrepreneur.

Il a fait ses études secondaires au lycée Maxence-Van-der-Meersch de Roubaix pour ensuite étudier en classe préparatoire au lycée Faidherbe de Lille. Il passe des concours et intègre ensuite l'école Polytechnique. Suite à ça, il arrive à convaincre son père de vendre les activités de l'entreprise familiale BTP pour 40 millions de francs pour ensuite créer une société de promotion immobilière. La société qui sous le nom de Férinel, a pour directeur de la construction de l'entreprise, Bernard en 1974 et qui en devient le directeur général en 1977.

En 1984, il devient le PDG de la financière Agache en y investissant 90 millions de francs. Bernard continu sur sa lancée et prend les rênes du groupe Boussac qui possède Christian Dior, Le Bon Marché, Conforama et le fabricant de couche Peaudouce.

Le groupe Boussac vaut, en 1987 près de 8 milliards en bourse ce qui fait de Bernard l'un des hommes les plus riches de France et lui permet de posséder le groupe de luxe LVMH. En 2019, sa fortune personnelle est estimée à 9 milliards d'euros.

« N'aie pas peur d'avancer lentement. Aie peur de rester immobile. » *- Proverbe chinois -*

« Le véritable voyage ne consiste pas à chercher de nouveaux paysages, mais à avoir de nouveaux yeux. » *- Marcel Proust -*

« Sème une pensée, tu récolteras un acte. Sème un acte, tu récolteras une habitude. Sème une habitude, tu récolteras un caractère. Sème un caractère, tu récolteras un destin. »
- Stefen Covey -

« Pour réussir, retenez bien ces trois maximes: voir c'est savoir, vouloir c'est pouvoir, oser c'est avoir.»
- Alfred de Musset -

« La plupart des choses importantes dans le monde ont été accomplies par des personnes qui ont continué à essayer quand il semblait y avoir aucun espoir.» *- Dale Carnegie -*

« Celui qui veut atteindre un objectif lointain doit faire de petits pas.» *- Saul Bellow -*

SAM WALTON

Après avoir étudié à l'université du Missouri où il étudie l'économie, Sam débute bien sa vie en étant embauché en tant que manager dans un magasin PCPenney puis dans l'entreprise de munitions Dupont.

Cet homme d'affaires américain, entrepreneur et fondateur de la chaîne de centre commerciaux Walmart a décidé, à la fin de la 2ème guerre mondiale, d'ouvrir son propre magasin. Suite à un emprunt de 25 000 dollars il décide de louer un magasin franchisé de la chaîne Butler Brothers qui lui permet d'obtenir à lui et sa compagne 50 000 dollars de profits. Après avoir laissé ce magasin à son fils, il en ouvre un autre à Bentonville tout en s'occupant de l'hôpital local et de l'équipe de Baseball il est élu président du Rotary Club et de la chambre de commerce.

En 1962, Walton possède 16 magasins sous l'enseigne Wal-Mart et en exploite plus de 6 100 aujourd'hui. Il emploie 2,1 millions de salariés et génère un chiffre d'affaires annuel de 476 milliards de dollars. Sam Walton disait "Il n'y a qu'un patron: le client. Et il peut licencier tout le personnel depuis le directeur jusqu'à l'employé, tout simplement en allant dépenser son argent ailleurs".

« Certains veulent que ça arrive, d'autres aimeraient que ça arrive et d'autres font que ça arrive.» *- Michael Jordan -*

« Celui qui attend que tout danger soir écarté pour mettre les voiles ne prendra jamais la mer.» *- Thomas Fuller -*

« Les gagnants écrivent l'histoire les perdants la racontent »
   - Auteur inconnu -

« Les gagnants trouvent des moyens, les perdants des excuses.»   *- F. D. Roosevelt -*

« Rappelle-toi : l'unique personne qui t'accompagne toute ta vie, c'est toi-même ! Sois vivant dans tout ce que tu fais."
   - Pablo Picasso -

« Si vous n'échouez pas de temps à autre, c'est signer que vous ne faites rien d'innovant.»   *- Woody Allen -*

BILL GATES

Bill Gates, le fondateur de Microsoft figure parmi les entrepreneurs ayant laissé leurs traces dans l'Histoire.

Il est parti de la conviction selon laquelle chaque foyer peut parfaitement avoir accès à l'informatique. En 1975, il crée avec Paul Allen, pionnier de la micro-informatique, un programme équipant les ordinateurs Altair. Ce projet leur rapporte ensemble 3 000 dollars. Un an après, les deux « geeks » quittent l'université et décident de fonder Microsoft.

Ils fondent avant tout le système d'exploitation MS-DOS pour les ordinateurs IBM et perçoivent une commission sur chaque PC vendu. En détenant l'exclusivité de leur système d'exploitation, les deux associés ont ensuite réussi à équiper les ordinateurs du monde entier avec leur propre logiciel.

Bill faisait tout autre chose à côté de ça. Il a aussi créé la Fondation Bill et Melinda qui permettra d'avoir de nouvelles acquisitions et de connaissances en matière de santé et donc des innovations pour la population mondiale. En 2019, Bill Gates est classé comme le deuxième homme le plus riche au monde avec une fortune personnelle de 105 milliards de dollars.

« Pour réussir, retenez bien ces trois maximes: voir c'est savoir, vouloir c'est pouvoir, oser c'est avoir. »
- Alfred de Musset -

« La logique peut vous mener d'un point A à un point B. L'imagination peut vous mener partout. » *– Albert Einstein -*

« Vous n'allez jamais laisser des empreintes de pas qui durent si vous marchez toujours sur la pointe des pieds. »
- Leymah Gbowee -

« Je vais faire ce que j'ai à faire, pour pouvoir ensuite faire ce que j'ai envie de faire. » *- Anonyme -*

« Le succès, c'est obtenir ce que l'on veut. Le bonheur, c'est vouloir ce que l'on obtient. » *- WP Kinsella -*

« Les rivières le savent : rien ne presse. Nous y arriverons tous un jour. » *- A.A. Milne -*

MARTIN LUTHER KING

Pendant une douzaine d'années, Martin Luther King avait lutté contre la ségrégation raciale. Il s'était fait connaître à Montgomery (Alabama) en organisant un boycott de la compagnie d'autobus de la ville, coupable de tolérer la ségrégation dans ses véhicules. Son mouvement des droits civiques avait fini par triompher en appliquant les principes de non-violence prôné par Gandhi.

Le 28 août 1963, à l'occasion d'une marche sur Washington, Martin Luther King prononce son plus célèbre discours devant 250.000 sympathisants : «I have a dream...» («J'ai fait un rêve...»).
L'année suivante, le président Johnson signe la loi sur les droits civiques mettant fin à toute forme de discrimination, en présence de Martin.

Le 14 octobre 1964, le jeune pasteur reçoit le Prix Nobel de la paix. Mais son mouvement est de plus en plus contesté et concurrencé par des groupes violents comme les Black Muslims (Musulmans noirs).
Aux Jeux Olympiques de Mexico, qui suivent de quelques semaines la mort de Martin Luther King, des champions noirs américains lèvent le poing sur le podium et tournent le dos à la bannière étoilée.
La même année, des professeurs admettent de développer la place des noirs et des minorités dans l'enseignement de l'Histoire. C'est le début du mouvement PC («politically correct»).
Les tensions raciales s'apaisent peu à peu. Aujourd'hui, l'intégration des noirs, qui représentent un dixième de la population étasunienne, ne soulève plus guère d'opposition même si ce groupe souffre toujours d'un certain handicap économique et social.

PRENEZ QUELQUES LIGNES POUR ÉCRIRE
VOTRE PROPRE HISTOIRE INSPIRANTE

....

....

....

....

....

....

....

....

....

....

....

....

....

....

....

....

....

MAINTENANT ÉCRIVEZ VOS CITATIONS PRÉFÉRÉES, POUR LES RELIRE DANS LES MOMENTS DE DOUTE

....

....

....

....

....

....

....

....

....

....

....

....

....

....

....

....

....

<u>REMERCIEMENTS</u>

Bravo ! Soyez fier et félicitez-vous d'avoir pris la décision de devenir acteur et non plus spectateur de vos vies.

Votre destin vous appartient désormais et si ce livre vous a réellement aidé dans votre cheminement personnel…

Allons encore PLUS LOIN ensemble, on se donne RDV sur :

---

https://www.youri-vladislav.com

Pour concrétiser tout ça, je vous invite à me rejoindre sur mes différents réseaux sociaux où je vous ferai découvrir le monde de l'entreprenariat et du business en ligne :

 Youri_vladislav

 Youri Vladislav Page

 Youri Vladislav

Made in the USA
Middletown, DE
11 December 2021

53916235R00070